会社別就活ハンドブックシリーズ

2025

大成建設の
就活ハンドブック

就職活動研究会 編
JOB HUNTING BOOK

はじめに

　2021年春の採用から，1953年以来続いてきた，経団連（日本経済団体連合会）の加盟企業を中心にした「就活に関するさまざまな規定事項」の規定が，事実上廃止されました。それまで卒業・修了年度に入る直前の3月以降になり，面接などの選考は6月であったものが，学生と企業の双方が活動を本格化させる時期が大幅にはやまることになりました。この動きは2022年春そして2023年春へと続いております。

　また新型コロナウイルス感染者の増加を受け，新卒採用の活動に対してオンラインによる説明会や選考を導入した企業が急速に増加しました。採用環境が大きく変化したことにより，どのような場面でも対応できる柔軟性，また非接触による仕事の増加により，傾聴力というものが新たに求められるようになりました。

　『会社別就職ハンドブックシリーズ』は，いわゆる「就活生向け人気企業ランキング」を中心に，当社が独自にセレクトした上場している一流・優良企業の就活対策本です。面接で聞かれた質問にはじまり，業界の最新情報，さらには上場企業の株主向け公開情報である有価証券報告書の分析など，企業の多角的な判断・研究材料をふんだんに盛り込みました。加えて，地方の優良といわれている企業もラインナップしています。

　思い込みや憧れだけをもってやみくもに受けるのではなく，必要な情報を収集し，冷静に対象企業を分析し，エントリーシート作成やそれに続く面接試験に臨んでいただければと思います。本書が，その一助となれば幸いです。

　この本を手に取られた方が，志望企業の内定を得て，輝かしい社会人生活のスタートを切っていただけるよう，心より祈念いたします。

就職活動研究会

Contents

第**1**章

大成建設の会社概況

会社によって選考方法は千差万別。面接で問われる内容や採用スケジュールもバラバラだ。採用試験ひとつとってみても，その会社の社風が表れていると言っていいだろう。ここでは募集要項や面接内容について過去の事例を収録している。

また，志望する会社を数字の面からも多角的に研究することを心がけたい。

✔ 理念体系

■大成スピリット

自由闊達

多様性を尊重し，組織内外の活発なコミュニケーションやネットワーク形成を通じて，役職員全員の能力が活かせる風通しが良く活力ある企業風土を醸成します。

価値創造

広く社会を知った上で，お客様の立場に立ち，技術・ノウハウを結集するとともに，更なる技術革新と創意工夫にチャレンジし続け，お客様に感動していただけるような価値の創出を追求します。

伝統進化

ものづくりの伝統を継承しつつ，先進的な課題に挑戦することにより付加価値を生み出しながら，健全な企業グループとして永続的に進化・発展します。
わたしたちは，明るく，熱意と誠意，そして企業人としての規律を持ったプロフェッショナルの集団として，企業活動に取り組みます。

✔ 会社データ

創業	1873年（明治6年）10月
設立	1917年（大正6年）12月28日
資本金	122,742,158,842円
本店	〒163-0606 東京都新宿区西新宿一丁目25番1号 新宿センタービル 電話：03(3348)1111
従業員	8,613名（2023年3月31日現在）
支店	東京支店（東京都新宿区），関西支店（大阪市） 中部支店（名古屋市），九州支店（福岡市） 札幌支店（札幌市），東北支店（仙台市） 中国支店（広島市），横浜支店（横浜市） 北信越支店（新潟市），四国支店（高松市） 千葉支店（千葉市），関東支店（さいたま市） 神戸支店（神戸市），京都支店（京都市） 金沢支店（金沢市），国際支店（東京都新宿区）
技術センター	技術センター（横浜市）
国内営業所等	41カ所
海外拠点	台北営業所，中東営業所（ドーハ），シンガポール営業所 クアラルンプール営業所，ジャカルタ営業所 インド営業所，フィリピン営業所 北アフリカ営業所（エジプト），バングラデシュ営業所

✔ 仕事内容

建築

建築創造エンジニア

施工計画・工程の立案から、工事の進捗、安全や品質、コストの管理などを行います。ビルやマンションといった建物が実際にできあがるまで、様々な関係者と密に連携しながらプロジェクトを遂行する、現場の旗振り役です。

建築デジタルエンジニア

建設事業に関するデータのマネジメント業務を行います。BIM やセンシングデータの利活用、個別案件・部署間の連携を推進し、新たな建築生産プロセスの創出やデジタル技術導入による建設業の進化を担います。BIM ／ VR ／ AR ／ MR ／ BI ／ API ／ AI ／ロボティクス／デジタルツインなど、様々な技術を駆使し、多くの関係者と密に連携しながらプロセスを構築するマルチ人材が求められます。

環境設備エンジニア

設備工事（電気・衛生・空調・昇降機）の進捗、安全や品質、コストの管理などを行います。様々な関係者と密に連携しながらプロジェクトを遂行し、カーボンニュートラルやＺＥＢ（ゼロエネルギービルディング）に関わる仕事です。

機械創造エンジニア

『機械技術で作業所を支える』を念頭に、クレーンや工事用エレベーターなど建築工事における大型機械の計画や施工支援を行います。また作業所のニーズに合わせた特殊機械や装置の開発も担います。

建築積算

設計図書や施工計画から数量を拾い出し、プロジェクトにかかる費用を算出する仕事です。また、様々な経費を積み上げ、原価を算出する仕事でもあります。設計図の精度により概算積算、精算積算があります。

設計（建築）

お客様が希望する建物をデザインする仕事です。デザイン力はもちろんのこと、技術力やマネジメント力も駆使しながら、お客様、施工部門、役所など多くの関係者の意見を調整し、ニーズを形にしていきます。

設計（構造）

建物の骨格となる構造を設計します。地震・台風など様々な外的要因や、床荷重・内部空間の利用状況に応じた柱スパンなどの内的要因を考慮し、時には免震・制振といった高度な技術力を活かして、安心・安全かつ建物の自由度の高い空間をつくることが求められます。

設計（設備）

建物の電気や空調、衛生、情報といった設備全般の設計を行います。省エネルギーや地球温暖化対策、CO_2削減など、建物の設備に求められる役割は日に日に増しており、新技術の開発を通して社会課題の解決に取り組む仕事です。

エンジニアリング

医薬品工場や半導体製造工場、物流倉庫、水族館といった施設のコンサルティングから企画、設計、積算、施工、メンテナンスまでをトータルに行う仕事です。プロジェクトの川上から川下までお客様に寄り添い、ご要望の実現に取り組みます。

都市開発

事業の企画・計画、都市計画協議などの事業推進、竣工後の管理・運営まで、一貫して都市開発プロジェクトを進捗させます。社内の関係部署だけでなく、お客様や協力会社など多岐にわたる関係者との調整役を担います。

原子力

原子力発電所や原子力関連施設の計画・設計・施工からデコミッショニング（廃止措置）まで、幅広い業務に携わります。原子力施設は規模が大きく、高い安全性が求められるため、確かな技術と豊富な経験が必要となります。

土木

土木

国内外の土木工事における施工計画の立案や材料の手配、作業場所の調整、工程管理、品質管理、安全管理などを行います。土木の仕事は、まさに「地図に残る仕事。」として社会基盤をつくる役割を担っています。また山岳トンネルやシールドトンネル、橋梁、LNGタンク、発電所、海洋港湾施設などの構造物の計画・設計およびその施工に関わる技術支援を行います。自らが設計した結果が、構造物として形になっていくことに大きな達成感があります。

土木（機械・電気）

土木工事において、その工事現場に最も適した機械・電気設備を選定し、実際にその機械を使用して施工に携わる仕事です。具体的には、現場で使用するタワークレーンなど設備の施工計画の立案・管理や、新工法の開発などを行います。

事務

事務

本社・支店では人事、総務、法務、経理、財務などの分野で総合的な視点から、当社の事業全体に関わる経営方針・制度の策定や、運用・チェックを行います。作業所においては、主に業績管理やリスク管理など工事以外のあらゆる面でプロジェクトが適切に進行するのを支える役割を担います。

情報

事業活動に関わる膨大な情報の適切な管理・運用のほか、ICT 戦略の企画・推進、業務アプリケーションの開発・運用や ICT インフラの整備・運用や情報セキュリティの統制、DX・業務改革などの業務を担っています。

都市開発

事業の企画・計画、都市計画協議などの事業推進、竣工後の管理・運営まで、一貫して都市開発プロジェクトを進捗させます。社内の関係部署だけでなく、お客様や協力会社など多岐にわたる関係者との調整役を担います。

✔ 先輩社員の声

未来の海洋土木の可能性を
この現場でつかみ取る

【土木（施行）／2013年度入社】
未来の海洋土木の発展を夢見て

『天ヶ瀬ダム再開発工事』は，築50年を数える天ヶ瀬ダムの放流能力を増強するためのトンネル放流設備を新設する工事です。

大成建設は，ダム湖側面に掘られるトンネルの入口前に，湖底を掘削して流入部を造る工事を担当しています。湖上の台船と地上部から鋼管を打設し，新技術『T-iROBO UW』を導入することで安全性の確保と工期短縮を実現することが，入札時に行った技術提案です。

現在は地上部の作業ヤードとなる桟橋の設置を終え，湖上に浮かべた台船から湖底に鋼管を打設しています。鋼管打設が終われば，鋼管で造りだした内部空間を水中掘削するためにT-iROBO UWが導入されます。水中作業を地上からの遠隔操作で行えるこの新技術は安全性が高く，工期の短縮，工事費の軽減もできることで注目を集めています。この現場で成功を収めれば，今後，T-iROBO UWはダムや河川，海など多くの水中施工で使われることとなるでしょう。大きな可能性を秘めたこの技術をスムーズに導入できるよう，現場の状況を確認し，工程管理や品質管理を行うのが自分の仕事です。

とはいえ，自分にとってはここが初めての現場。先輩はもちろん，協力会社の職長さんや職人さんに工事のことを教えてもらいながら仕事を覚えている最中です。経験不足を感じる毎日ですが，後輩も配属され，先輩としての自覚と責任感，そして一人前の仕事を求められているのも事実。期待に応えられるよう，もっともっと頑張らねばと自分に檄を飛ばしています。そうしてこの現場での経験を，次の現場，未来の海洋土木工事に活かしたいですね。

【建築創造エンジニア／ 2013 年度入社】

仕事のやりがいは何ですか？

同じ建物の設計図でも、立地条件などにより、更地の状態から完成まで導くプロセスにはいくつもの道筋があります。工期を守りながら、より安全に、より品質の高い建物をつくるにはどうしたら良いか。毎日様々なことを考えながら検討を行い、計画に落とし込んでいきます。それが最終的に、建物という形となって目に見えたときには、格別の達成感、喜びを得ることができます。

入社理由は何ですか？

幼いころから工作が好きで、大学は自然と建築系の学科に進みました。就職活動では、建築系の他の職種も見ましたが、やはり自分の働きが目に見えて形になる「ものづくり」の仕事がしたいと思い、施工管理を志望しました。なかでも大成建設は、現場の裁量が大きく、風通しの良い会社であると感じていました。また建物のスケールも大きく、チームで非常にやりがいのある仕事に取り組めるだろうと思い、入社を決めました。

あなたにとって「地図に残る仕事。」とは？

時折、インターネット地図の航空写真を眺め、自分が携わった現場の周辺を見たりしています。建物が無事竣工して数年経ってから、ふと眺めていると、完成した建物がそこに生きているように感じます。そしてそのとき、私が努力した日々が目の前に蘇ってきます。実際に竣工後の建物を訪れることももちろん感動的ですが、こういった瞬間も私の仕事はまさしく「地図に残る仕事。」だと実感します。

今後の目標を教えてください

大きなプロジェクトは経験できたものの、技術者としてはまだまだ未熟だと感じています。尊敬する上司や先輩方は、施工の問題点などを瞬時に予測し、その場で適切な判断を下すことができます。そうした技術力は一朝一夕に身につくものではありませんが、これから先の長いキャリアを通して、様々な現場を経験したいと思っています。そして「技術力」と「人間力」を磨き、ゆくゆくはプロジェクトのリーダーとして、仲間や家族に誇れる仕事がしたいと思っています。

募集コース	【総合職社員】 勤務地の限定はなく、様々なビジネスフィールドで活躍していただきます。（業務の必要に応じて、海外を含め転居を伴う転勤や出向をする場合があります） 【専任職】 原則として採用時に決定するエリアで、地域に根ざした活躍をしていただきます。（業務の必要に応じて、限定された地域内で転居を伴う転勤や出向をする場合があります） 【担当職】 限定分野の定常業務を担当し、専門分野で活躍していただきます。（業務の必要に応じて、限定されたエリア内で転居を伴う転勤や出向をする場合があります）
募集区分・職種	総合職社員コース、専任職社員コースは、「事務」「建築」「土木」の3つの区分別に採用を行っています。希望の区分にエントリーしてください。 総合職「事務」「建築」「土木」および専任職「建築」「土木」では職種別でエントリーを受付けます。希望の分野にエントリーしてください。 ただし、総合職社員コースは、採用時の職種に関わらず、広範な業務を担当していただくことがあります。全ての職種において希望と適性を踏まえ営業職へ変更することができます。
応募資格	2025年3月〜9月に大学院（博士・修士）・大学・職業能力開発総合大学校・高等専門学校・専門学校卒業見込みの方。もしくは、上記学校を卒業後3年以内で就業経験のない方を対象とします。
勤務地	【総合職】全国及び海外（転勤あり） 【専任職】採用時に決定するエリアに限定（勤務地変更制度あり） ※建築創造エンジニア、環境設備エンジニア、建築技術、建築営業は首都圏（本社・東京・横浜・千葉・関東・技術センター）、関西、中部、九州、札幌、東北、中国、北信越、四国 ※建築デジタルエンジニア、エンジニアリング、建築積算は首都圏のみ ※設計デジタルエンジニアは首都圏、関西、中部、九州、札幌のみ ※本人の合意のもと、プロジェクトにより採用時に決定したエリア外・海外への勤務となる場合があります。 【担当職】採用時に決定するエリアに限定（勤務地変更制度あり） ※事務は関西、九州、東北、北信越のみ ※建築は関西、九州、札幌、中国のみ ※本人の合意のもと、プロジェクトにより採用時に決定したエリア外・海外への勤務となる場合があります。
勤務時間	内勤（本社・支店）　8:45〜17:30（実働7時間45分） 　　　　　　　　　　休憩時間 12:00〜13:00（60分） 外勤（作業所）　　　8:00〜16:45（実働7時間45分） 　　　　　　　　　　休憩時間 12:00〜13:00（60分） ※協定の範囲内で上記所定労働時間外に勤務する可能性があります。

初任給 （2024年4月）	【総合職】 　博士了　305,000円　　修士了　285,000円 　大学卒　265,000円　　高専卒　245,000円 【専任職】 ・修士了 　[首都圏]264,000円　　　　[関西]253,000円 　[中部]250,000円　　　　　[東北・九州]244,000円 　[札幌・北信越・中国]242,000円　　[四国]240,000円 ・大学卒 　[首都圏]250,000円　　　　[関西]239,000円 　[中部]236,000円　　　　　[東北・九州]230,000円 　[札幌・北信越・中国]228,000円　　[四国]226,000円 ・高専卒 　[首都圏]234,000円　　　　[関西]223,000円 　[中部]220,000円　　　　　[東北・九州]214,000円 　[札幌・北信越・中国]212,000円　　[四国]210,000円 【担当職】 ・修士了 　[関西]208,400円　　　　[東北・九州]200,400円 　[札幌・北信越・中国]199,400円 ・大学卒 　[関西]194,400円　　　　[東北・九州]186,400円 　[札幌・北信越・中国]185,400円 ・高専卒 　[関西]180,400円　　　　[東北・九州]172,400円 　[札幌・北信越・中国]171,400円
諸手当	通勤費、海外手当、地域手当、別居手当、次世代育成手当、工事管理手当、時間外・休日出勤割増手当　ほか
給与改定	年1回（7月）
賞与	年2回（6月，12月）
定年制度	60歳定年雇用（満60歳に達した月の末日をもって定年とする） ※定年に達し退職した場合，法令の定めるところにより，満65歳まで再雇用制度あり。
退職金	退職時一時金および確定拠出年金
休日休暇	週休2日制（土曜日・日曜日）、国民の祝日、年末年始、夏季休暇、年次有給休暇（新入社員10日、以後年数に応じて最高20日）、育児・介護休業、生理休暇、療養休暇、看護休暇、配偶者出産休暇、慶弔休暇（結婚・忌引）、産前産後休暇、リバイバル休暇、節目休暇、リフレッシュ休暇（勤続満10年・20年・25年、満55歳到来時）　ほか ※協定の範囲内で上記所定休日に勤務する可能性があります。
福利厚生	社会保険（厚生年金・健康保険・雇用保険・労災保険）、寮・社宅制度、保養施設、財形貯蓄制度、社員持株会、共済会、住宅融資制度　ほか

✔ 採用の流れ （出典：東洋経済新報社「就職四季報」）

エントリーの時期	【総・技】3月〜
採用プロセス	【総】ES提出・履修履歴登録・テストセンター→リクルーター面談・ジョブマッチング・本社面談→選考面接→内々定 【技】ES提出・履修履歴登録・テストセンター→リクルーター面談・部門面談→選考面接→内々定

採用実績数

	大卒男	大卒女	修士男	修士女
2022年	125 （文：32 理：93）	44 （文：15 理：29）	92 （文：0 理：92）	14 （文：0 理：14）
2023年	138 （文：29 理：109）	45 （文：14 理：31）	101 （文：0 理：101）	21 （文：0 理：21）

※2024年：383名採用予定

採用実績校

【文系】
（大学）立教大学，明治大学，創価大学，同志社大学，日本大学，北海道大学，立命館大学，長崎大学　他
【理系】
（大学院）日本大学，東京理科大学，北海道大学，東京工業大学，早稲田大学，九州大学，東京大学，芝浦工業大学，福井大学　他
（大学）日本大学，東京都市大学，工学院大学，芝浦工業大学，東京電機大学，熊本大学，明治大学，千葉工業大学　他

✔2023年の重要ニュース _(出典：日本経済新聞)

■大成建設・日立、メタバースで建物イメージ共有（9/8）

　大成建設と日立製作所は8日、メタバース（仮想空間）を使って建築物の完成イメージをプロジェクトの関係者で共有するシステムを開発すると発表した。建築物の仕様の説明や決定、承認を効率化でき、設計のやりなおしや工程の再調整を減らす効果を見込む。2024年半ばに大成建設で使い始め、活用する作業所を順次増やしていく。

　「建設承認メタバース」は建築物の意匠・構造・設備などのデータを取り込むと、数分間でクラウド上に建築物を構築できる。仮想空間に再現した建物の内部を人や車椅子で問題なく移動できるかを確認したり、柱や机などの寸法を表示したりする。

　発注者や設計者、施工事業者がメタバース上に集まって議論し、仕様の決定や承認ができるようになる。議事録を自動で作成する機能を搭載し、プロジェクトの立ち上げから建設承認までの流れを詳細に把握できる。今後は大成建設以外のゼネコンへの販売も検討する。生成AI（人工知能）など最先端技術の活用も視野に入れる。

■大成建設、建築CO2数十分で把握　資材・施工見積もりで（10/1）

　大成建設は、建材の生産時や、施工時に出る二酸化炭素（CO2）の排出量を効率的に算出するシステムを開発した。資材の調達から施工まで一貫して排出量を把握しやすくする。

　従来は手作業で、調達する建材を一つ一つパソコンに入力していたため、1つの物件につき算出に1カ月以上かかっていたという。新たなシステムでは、エクセルファイルを読み込み、自動的に材料ごとの生産時にでる排出量を掛け算することなどにより期間が数十分に短縮できる。

　施工時の排出量は5種類の工事に対し、自社データから導いた必要な手順や重機に応じて工数やエネルギー使用量を算出する。

■鹿島、シンガポールでスタートアップ支援　脱炭素な（10/24）

　大手ゼネコンが相次いでシンガポールでのオープンイノベーション拠点を設置している。鹿島はアジア太平洋地域の統括拠点を開設し、提携する大学やスター

トアップに開放した。竹中工務店は現地大学との建材研究などを始めた。脱炭素やロボティクスなど建設業の課題解決に向けた技術開発での提携をてこに、拡大する東南アジアの建設市場での地歩を固める。

鹿島は東南アジアの事業会社を統括するカジマ・アジアパシフィック・ホールディングス（KAP）の本社ビルとして、チャンギ国際空港に近いチャンギビジネスパーク内に自社ビル「ザ・ギア」を開設した。本社機能やR&D（研究開発）拠点と並んで、オープンイノベーション拠点として1フロアを開放した。

すでにシンガポール経営大学（SMU）と覚書を結んでおり、スタートアップ支援を始めた。環境配慮型の建築分野や無人施工に向けたロボティクス領域などで、アイデアを公募したスタートアップ8社に対し、6カ月の支援プログラムを実施する。スタートアップ支援を手がける欧州のアクセラレーター「レインメイキング」と運営で提携し、起業に必要な弁護士や人脈などを紹介する。

東南アジアでは建設投資が旺盛だ。シンガポールでは大成建設が中国建築との共同企業体（JV）で都市高速鉄道（MRT）「クロスアイランド線」の全長4.3キロメートルのトンネルと駅舎の施工を手がける。タイの首都バンコクでは、2027年までの5年間で完成を予定する大規模開発事業は20件を超え、投資額は5000億バーツ（約2兆円）に達すると見られる。

■大成建設、首都圏の建設会社買収　寺社や高級住宅に強み（11/30）

大成建設は30日、首都圏を中心に建築の設計・施工を手掛ける佐藤秀（東京・新宿）を買収すると発表した。買収金額は非公表だが、百数十億円とみられる。富裕層向けの住宅や寺社などに強みを持つ建設会社を取り込み、提案力を高める。

佐藤秀は1948年設立。寺社建築の実績が豊富で、国の重要文化財である成田山新勝寺額堂の耐震補強など歴史的建築物の工事も手掛ける。2022年度の売上高は148億円。

大成建設の建築部門と連携し、「顧客の幅広いニーズを充足していく」（同社）という。佐藤秀は大成建設のデジタル技術を取り入れ、業務の効率化を図る。

大成建設は9日に中堅ゼネコンのピーエス三菱を買収すると発表した。M&A（合併・買収）を積極的に進める方針を打ち出している。

✔2022年の重要ニュース (出典：日本経済新聞)

■大成建設「CO2削減コンクリ」本格展開　製造時8割減（1/18）

　大成建設は一般的なコンクリート製品に比べて製造時の二酸化炭素（CO_2）の排出量を実質的に約8割減らしたコンクリート製品を本格展開する。24年10月に完工予定の千葉県内の地中トンネル新設工事で使う。顧客企業は脱炭素を迫られている。CO_2排出量の削減に寄与するコンクリート製品で受注拡大を目指す。

　東京電力パワーグリッドから受注した千葉県印西市内の送電用地中トンネル工事で使用する。約4キロメートルのトンネルで、耐久性を高める「インバートブロック」12基と、歩道を支えるブロック1432基をCO_2を削減できるコンクリートでつくる。使用量は大成建設で過去最大級となる。

　コンクリートは一般に水や砂、砂利とセメントなどを混ぜ合わせてつくる。製造時に発生するCO_2の約9割がセメントに由来する。新たなコンクリートではセメントの代わりに製鉄工程の副産物である高炉スラグを使用する。これによりCO_2を約8割削減した。今回の工事では従来と比べて約50トンのCO_2を削減できると見込む。

　これまでは自社の研究施設などで使用してきたが、今回の工事を皮切りに同製品を本格展開し、生産体制も整える。

　大成建設は、工場などから排出されたCO_2を吸収した炭酸カルシウムを混ぜることで、CO_2排出量を実質ゼロ以下にするコンクリートも開発している。将来的にはこの製品の導入も増やしていく考えだ。

■大成建設が初任給1万円引き上げ　全体でも賃上げ3.7%（4/15）

　大成建設は2022年4月に入社した新入社員の初任給を、大卒は25万円、院卒は27万円と21年入社に比べて1万円引き上げる。初任給を上げるのは18年以来4年ぶりで、前年比で4%の引き上げとなる。将来の担い手不足に備え、若手の処遇を手厚くして人材確保を狙う。

　全社員の賃金も、ベースアップ1.5%と定期昇給を合わせて3.7%の賃上げを実施する。賃上げは17年度以来。建設業では24年に労働基準法の残業上限規制が厳格になる。時間外労働の削減で、残業代の減少が見込まれる。若い働き手の不足も深刻になっており、処遇改善で対応する。

　政府は22年度以降に契約する政府機関による発注事業の入札について、大手

なら 3% 以上の賃上げを実施した企業に加点する優遇措置を取る。土木工事で官公庁の発注工事が多いゼネコン各社にとっては、こうした措置も賃上げを促す要因となっている。

■大成建設、病院内で複数ロボを一括管理　人手不足に対応（6/3）

大成建設は医療品の搬送や警備、清掃用など病院で使う複数のロボットを一体運用するシステムを開発した。自社で開発した統合管制システムを使い、異なるメーカーのロボットの稼働状況も把握できるようにし、エレベーターや自動ドアとも連動させる。人手不足が深刻な病院の業務効率化を支援する。

大成建設はロボットを一括管理できる管制システム「ロボハブ」を開発した。建物の運用データを管理する同社の基本ソフト（OS）「ライフサイクルOS」と連動させることで、ナースコールなど施設内にある設備とロボットとの連携が可能になる。ロボットをエレベーターを使って移動させたり、自動ドアを出て病院外で警備や清掃をさせたりすることもできるようになる。

緊急性の高い医薬品などを搬送するロボットを優先的に走行させることも可能だ。また火災時や地震時にはロボットが避難の邪魔にならないように緊急停止する。

新たなシステムは 2023 年 1 月から札幌や都内の計 3 病院で運用を始める。既存の病院でも院内のエレベーターや自動ドアなどの制御システムと連携させるための設備工事を実施すれば導入が可能だ。連携する機器の数に応じて月々の利用料を請求する仕組みで、1 台あたり月数万円となる。

国内では高齢化により医療・介護需要が増す一方、労働人口の減少から担い手不足が深刻化する見通しだ。厚生労働省が 19 年 11 月に公表した資料によると、25 年時点での全国の看護職員の総数は 175 万～ 182 万人と見込まれる一方、202 万人の労働力が必要となると推計されている。加えて、新型コロナウイルス禍で医療現場の負荷が高まっている。

担い手不足が深刻になる中、大成建設ではロボットのほか、患者の位置情報や、体温や脈拍といったバイタルを収集する健康管理システムなどの実証も進める。同社では ICT（情報通信技術）とロボットを連動させたスマートホスピタルの実現をめざしている。病院以外でも同様の技術を自社が施工したオフィスビルや商業施設に適用することも目指す。

✔2021年の重要ニュース (出典:日本経済新聞)

■大成建、CO2削減コンクリの二次製品　本格参入（1/10）

　大成建設は二酸化炭素（CO2）の排出量が少ないコンクリートを使った二次製品の開発に本格参入する。建築資材メーカーなどの提携企業に材料や施工のデータを提供し、製品を共同開発する。大成建設は同社が受注した工事で二次製品を採用し、投資家などに環境配慮の姿勢も示す。

　大成建設は、同社の環境配慮コンクリートを使った天然石調の建材を開発したコンクリート製品を手掛ける会沢高圧コンクリート（北海道苫小牧市）など8社と提携し、共同開発する。提携企業に材料や施工のノウハウを提供し、2021年度にも開発した二次製品を提携企業が外販する。販売量に応じて大成建設が特許使用料を受け取る。21年度に年2000立方メートルのコンクリートを使った製品を提携企業が外販するという。

　大成建設は14年、製造過程で排出されるCO2を通常より8割程度削減したコンクリートを開発した。セメントを使用しないため、CO2を大幅削減できるという。同社はすでに環境配慮のコンクリートを使った天然石調の建材などを開発している。提携企業とは土砂や流木を食い止める擁壁などの製品開発を進め、自社工事で使える二次製品を増やす。

　世界的な脱炭素の流れを受け、ゼネコン業界では、環境に配慮したコンクリートの開発などが進んでいる。鹿島は中国電力や三菱商事などと共同で、CO2を内部にとじ込めるコンクリートの開発を進めている。

■大成建設、「スマートビル」の基盤開発（2/1）

　大成建設は建物内で発生するデータを集約して、施設管理者や利用者の利便性を高めるサービスを提供するプラットフォームを開発した。建物の情報を一元管理し、運営を効率化する「スマートビル」の実現を目指す。エレベーターや防犯カメラなどさまざまな設備のデータを蓄積し、故障の原因を探ったり、快適な空調設定を分析したりする。竣工後もサービスを提供し続け、新しい収入源にしたい考えだ。

　大成建設は3次元の設計図であるBIM（ビルディング・インフォメーション・モデリング）を基礎に、建物の引き渡し後に施設管理者や建物の利用者が利用できるBIMデータをつくる。さらに机や椅子などの備品のほか、エレベーターや空調など建物設備の稼働状況、防犯カメラの画像データ、会議室管理システムなど

建物に関わるデータをここに集約する。

　データを集めることで、例えば管理者は空調の不調があったときに、過去の稼働状況や施設利用者の人数、外気温の変化など複合的な情報を基に故障の原因を探って対策することができるようになる。

　利用者の位置情報をリアルタイムで集めれば、オフィスの混雑具合を 3 次元で視覚的に捉えることもできる。設備同士を連携させて、自動走行ロボットがエレベーターに乗ったり、自動ドアを通過したりすることも可能になる。

　BIM データは通常、施工した建設会社や設計会社が保有している。大成建設は自社施工物件以外でも 3D カメラなどで BIM データを作成してこのサービスを提供できるという。自社サービスの利便性を訴え、市場を開拓していく考えだ。

■大成建設、AI で設計支援　業務時間を 1 割削減（3/10）

　大成建設はビルなどを設計する業務の一部を人工知能（AI）がサポートするシステムを開発し、運用を始めた。過去の設計データから類似する事例などを呼び出し、課題の解決に生かす。従来は膨大な社内データベースの活用が遅れていた。全従業員約 1 万人のうち設計には 1 割の約 1000 人が在籍するが、部門の業務時間を最大 1 割削減する効果を見込む。

　大成建設が持つ過去 5 年分の設計図面や、設計の過程で指摘された不備と解決策などのデータを活用する。建物を設計する際には構造上の強度や消防法などの法令、発注者の要望など様々な条件を取り入れながら図面を作成する。規模が大きいほど項目が増え、すべての条件を満たす解決策を考える手間が増える。

　大成建設では設計者が書いた図面は社内の品質管理部門が審査して問題点を指摘し、設計を練り直している。データベースには過去の指摘事項や解決策が蓄積されている。これを AI が用途や規模、キーワードなどを基に類似の事例を探し出す。審査部門に提出する前に類似事例を参照することで、課題の早期発見と解決につなげる。

　これまで設計者は過去の経験や知識を頼り、膨大なデータベースが活用されてこなかった。設計の指摘事項などだけで約 4 万件の情報があるという。AI を使って建設効率を高め、活用できるようにした。今後はキーワード検索以外にも設計図そのものを読み込ませて課題を発見するなど用途の拡大を進める。

✔ 就活生情報

面接官が一人一人順番に質問をしてきますが，ほかの人も自分の回答をしっかりと聞いてくれました

総合職 2021卒

エントリーシート

・形式：サイトからダウンロードした用紙に手で記入
・内容：学生生活で得たもの，それを得るために最も力を入れて取り組んだこと／あなたの夢と，その夢を大成建設でどのように実現したいか

筆記試験

・形式：マークシート／記述式／作文
・科目：英語／数学，算数／国語，漢字／時事

面接（個人・集団）

・雰囲気：普通
・回数：2回
・質問内容：志望動機／エンジニアリング本部を志望する理由／自分が携わりたい事業／自分の弱みについて／他己分析した場合の長所／他のエンジニアリングとの比較／開発職ではなくエンジニアリングを選択した理由　など
・二次募集での応募だったため，業種はエンジニアリングしか募集されていなかったことなどから，志望理由について詳しく聞かれたと考える

内定

・拘束や指示：特にないが，第一志望なら内定を頂いた企業を辞退するように指示
・通知方法：電話
・タイミング：予定通り

● その他受験者からのアドバイス

・二次募集でも望みはあるので，あきらめずに就職活動を行う

面接では入社意思が固いかどうか特に強く聞かれました。第一志望だといえば，かなりの確率で通るように思います

総合職 土木（機械・電気）2020卒

エントリーシート

・形式：サイトからダウンロードした用紙に手で記入
・内容：学生生活で得たもの，あなたの夢とその夢を大成建設でどう実現するか

セミナー

・選考とは無関係
・服装：きれいめの服装
・内容：現場見学会。どんなものを作っているか，どう仕事をしているか見ることができる。簡単な面談もあった

筆記試験

・形式：Webテスト/その他
・科目：英語/数学，算数/国語，漢字/一般教養・知識/時事/クレペリン
・内容：テストセンター，別途ホールでの手書きテスト（中学生レベル＋時事）

面接（個人・集団）

・雰囲気：和やか
・回数：2回
・質問内容：自己アピールと自分の短所，全国の転勤など働く際の注意事項に同意できるか，就活状況の質問とともに，第一志望がこの会社かどうか強く聞かれた

内定

・拘束や指示：第一志望かどうかを再度聞かれた
・通知方法：電話

▶ その他受験者からのアドバイス

・今後の会社方針で海外進出を進めているため，TOEICも重視するそうだ

ゼネコンの仕事を理解できているかどうか，面接官の質問に対して，明確にハキハキと答える事が出来れば大丈夫です

総合職 2019卒

エントリーシート

・形式：マイページ上で
・内容：学生時代におけるあなた自身の重大ニュース，当社でやりたい仕事，成し遂げて見たい事，志望業界と業界選択で重要視している事

セミナー

・記載なし

筆記試験

・形式：Webテスト
・科目：計数問題 国語の文章問題，各科目ともかなりの問題数

面接（個人・集団）

・質問内容：ゼネコンに興味を持ったきっかけ，なぜ大成建設なのか，なぜこんなに旅をしているのか，旅の目的とそこで得た事，なぜ吹奏楽をしていたのか，結婚や出産と自分のキャリアプランをどう考えているか，なぜ今の大学に入学したのか，疲れて何もできなくなる時はないか　等

内定

・拘束や指示：内定時期は５月上旬，承諾検討期間は１週間程

▶ その他受験者からのアドバイス

・ゼネコンの総合職事務の仕事は激務です。スケールの大きい建設事業に携わりながら，実際の仕事は地道な作業が多いです。こうした理想と現実のギャップを入社前に様々な社員と話して自分の中で理解しておきましょう
・面接の際には，その大変な仕事を理解した上でゼネコンで働きたいと訴えることが大切。相手の目を見て自分の意思をはっきり伝えましょう

志望理由に関して深掘りされるので，誰が聞いても納得してくれるように練っておく必要があります

総合職 2018卒

エントリーシート

・形式：採用ホームページから記入
・内容：志望動機，将来の夢と大成建設でやりたい事，学生時代頑張ったこと，企業研究方法

セミナー

・選考とは無関係
・服装：リクルートスーツ

筆記試験

・形式：マークシート／Webテスト
・科目：英語／数学，算数／国語，漢字／性格テスト

面接（個人・集団）

・質問内容：大成建設を志望する動機，他社選考状況，学生時代打ち込んだこと，どんな仕事をしたいか

内定

・通知方法：電話

▶ その他受験者からのアドバイス

・リクルーター面談が一次面接に進むための選考の１つだったようです。リクルーター面談の予定が決まったら，ある程度自分の考えをまとめ，伝えられるようにしておいたほうがいいと思います

現場見学はしとくべきです。時間に都合がつくなら，是非インターンに参加しましょう

技術職 2017卒

エントリーシート

・形式：サイトからダウンロードした用紙に手で記入
・内容：入社後のビジョン，自己PR

セミナー

・選考とは無関係
・服装：リクルートスーツ
・内容：最初に企業の概要説明があって，その後座談会で社員への質疑応答

筆記試験

・形式：マークシート／Webテスト
・科目：英語／数学，算数／国語，漢字／性格テスト／一般教養・知識／理工系専門試験。Webテストで足切り

面接（個人・集団）

・雰囲気：普通
・回数：2回
・質問内容：ESに沿った質問。変わった質問はなかった

内定

・拘束や指示：リクルーターから連絡が来た
・通知方法：電話
・タイミング：予定通り

▶ その他受験者からのアドバイス

・最終面接は交通費が支給されます

総合職事務 2017卒

エントリーシート
・形式：指定の用紙に手で記入
・内容：学生時代の三大ニュース

セミナー
・選考とは無関係
・服装：リクルートスーツ
・内容：人事による会社紹介。社員との座談会

筆記試験
・形式：Webテスト
・科目：数学，算数／国語，漢字／性格テスト

面接（個人・集団）
・雰囲気：普通
・回数：3回
・質問内容：学生時代頑張ったこと。志望動機。趣味のことなど

内定
・通知方法：電話

（職種未記入）2017卒

エントリーシート
・形式：サイトからダウンロードした用紙に手で記入
・内容：学生時代における重大ニュースを3つとその中の一つについて詳しく記述，長所・短所，入社後のビジョン

セミナー
・選考とは無関係
・服装：リクルートスーツ
・内容：会社説明→座談会→採用情報と人事部からのメッセージのプレゼン

筆記試験
・形式：Webテスト
・科目：英語／数学，算数／国語，漢字

面接（個人・集団）
・雰囲気：普通
・回数：6回
・質問内容：他社状況，志望動機，業界の志望理由，入社後の仕事内容に対するイメージ，内定を出したらどうするか

内定
・通知方法：電話

志望企業を絞り込んだら，セミナー，OB・OG訪問などできる限りの手段を使って，自分から積極的に動くようにしたい

総合職 2016卒

エントリーシート

・形式：ダウンロードして，プリントアウトして手書きで記入

セミナー

・選考とは無関係

筆記試験

・形式：Webテスト
・科目：数学，国語など

面接（個人・集団）

・回数：2回

内定

・拘束や指示：他社の内定を辞退するように指示があった
・タイミング：予定より早い

同業他社と比較をして，「なぜここなのか」という志望動機をしっかりと固めておきたい

文系総合職 2016卒

エントリーシート
・形式：ダウンロードして，プリントアウトして手書きで記入

セミナー
・選考とは無関係

筆記試験
・形式：Webテスト
・科目：英語，国語，論作文，性格テストなど

面接（個人・集団）
・回数：3回

内定
・通知方法：電話

少しでも興味のある企業は，とりあえずエントリーしてみること。選考が進むうちに自分がやりたいことが見えてくる

総合職 技術系 2016卒

エントリーシート

・形式：採用ホームページから記入
・内容：「志望動機」「入社後の夢について」など

セミナー

・選考とは無関係

筆記試験

・形式：Webテスト（記述式）
・科目：英語，数学，国語，性格テスト，一般教養・知識，理工系専門試験など

面接（個人・集団）

・回数：3回
・質問内容：「志望動機」「大学の授業の内容について」「大学で勉強した事をどう生かせるのか」「部活動について」「アルバイトについて」「家族は建設業に進むことをどう思っているか」など

内定

・拘束や指示：特になし
・通知方法：電話
・タイミング：予定より早い

✔ 有価証券報告書の読み方

01 部分的に読み解くことからスタートしよう

　「有価証券報告書（以下，有報）」という名前を聞いたことがある人も少なくはないだろう。しかし，実際に中身を見たことがある人は決して多くはないのではないだろうか。有報とは上場企業が年に1度作成する，企業内容に関する開示資料のことをいう。開示項目には決算情報や事業内容について，従業員の状況等について記載されており，誰でも自由に見ることができる。

　一般的に有報は，証券会社や銀行の職員，または投資家などがこれを読み込み，その後の戦略を立てるのに活用しているイメージだろう。その認識は間違いではないが，だからといって就活に役に立たないというわけではない。就活を有利に進める上で，お得な情報がふんだんに含まれているのだ。ではどの部分が役に立つのか，実際に解説していく。

■有価証券報告書の開示内容
　では実際に，有報の開示内容を見てみよう。

有価証券報告書の開示内容
第一部【企業情報】
第1　【企業の概況】
第2　【事業の状況】
第3　【設備の状況】
第4　【提出会社の状況】
第5　【経理の状況】
第6　【提出会社の株式事務の概要】
第7　【提出会社の状参考情報】
第二部【提出会社の保証会社等の情報】
第1　【保証会社情報】
第2　【保証会社以外の会社の情報】
第3　【指数等の情報】

有報は記載項目が統一されているため，どの会社に関しても同じ内容で書かれている。このうち就活において必要な情報が記載されているのは，第一部の第1【企業の概況】〜第5【経理の状況】まで，それ以降は無視してしまってかまわない。

02 企業の概況の注目ポイント

第1【企業の概況】には役立つ情報が満載。そんな中，最初に注目したいのは，冒頭に記載されている【主要な経営指標等の推移】の表だ。

回次		第25期	第26期	第27期	第28期	第29期
決算年月		平成24年3月	平成25年3月	平成26年3月	平成27年3月	平成28年3月
営業収益	(百万円)	2,532,173	2,671,822	2,702,916	2,756,165	2,867,199
経常利益	(百万円)	272,182	317,487	332,518	361,977	428,902
親会社株主に帰属する当期純利益	(百万円)	108,737	175,384	199,939	180,397	245,309
包括利益	(百万円)	109,304	197,739	214,632	229,292	217,419
純資産額	(百万円)	1,890,633	2,048,192	2,199,357	2,304,976	2,462,537
総資産額	(百万円)	7,060,409	7,223,204	7,428,303	7,605,690	7,789,762
1株当たり純資産額	(円)	4,738.51	5,135.76	5,529.40	5,818.19	6,232.40
1株当たり当期純利益	(円)	274.89	443.70	506.77	458.95	625.82
潜在株式調整後1株当たり当期純利益	(円)	—	—	—	—	—
自己資本比率	(%)	26.5	28.1	29.4	30.1	31.4
自己資本利益率	(%)	5.9	9.0	9.5	8.1	10.4
株価収益率	(倍)	19.0	17.4	15.0	21.0	15.5
営業活動によるキャッシュ・フロー	(百万円)	558,650	588,529	562,763	622,762	673,109
投資活動によるキャッシュ・フロー	(百万円)	△370,684	△465,951	△474,697	△476,844	△499,575
財務活動によるキャッシュ・フロー	(百万円)	△152,428	△101,151	△91,367	△86,636	△110,265
現金及び現金同等物の期末残高	(百万円)	167,525	189,262	186,057	245,170	307,809
従業員数[ほか，臨時従業員数]	(人)	71,729 [27,746]	73,017 [27,312]	73,551 [27,736]	73,329 [27,313]	73,053 [26,147]

見慣れない単語が続くが，そう難しく考える必要はない。特に注意してほしいのが，**営業収益**，**経常利益**の二つ。営業収益とはいわゆる**総売上額**のことであり，これが企業の本業を指す。その営業収益から営業費用（営業費（販売費＋一般管理費）＋売上原価）を差し引いたものが**営業利益**となる。会社の業種はなんであれ，モノを顧客に販売した合計値が営業収益であり，その営業収益から人件費や家賃，広告宣伝費などを差し引いたものが営業利益と覚えておこう。対して経常利益は営業利益から本業以外の損益を差し引いたもの。いわゆる金利による収益や不動産収入などがこれにあたり，本業以外でその会社がどの程度の力をもっているかをはかる絶好の指標となる。

■会社のアウトラインを知れる情報が続く。

　この主要な経営指標の推移の表につづいて，「会社の沿革」，「事業の内容」，「関係会社の状況」「従業員の状況」などが記載されている。自分が試験を受ける企業のことを，より深く知っておくにしたことはない。会社がどのように発展してきたのか，主としている事業はどのようなものがあるのか，従業員数や平均年齢はどれくらいなのか，志望動機などを作成する際に役立ててほしい。

03 事業の状況の注目ポイント

　第2となる【事業の状況】において，最重要となるのは**業績等の概要**といえる。ここでは1年間における収益の増減の理由が文章で記載されている。「○○という商品が好調に推移したため，売上高は△△になりました」といった情報が，比較的易しい文章で書かれている。もちろん，損失が出た場合に関しても包み隠さず記載してあるので，その会社の1年間の動向を知るための格好の資料となる。

　また，業績については各事業ごとに細かく別れて記載してある。例えば鉄道会社ならば，①運輸業，②駅スペース活用事業，③ショッピング・オフィス事業，④その他といった具合だ。**どのサービス・商品がどの程度の売上を出したのか**，会社の持つ展望として，今後**どの事業をより活性化**していくつもりなのか，などを意識しながら読み進めるとよいだろう。

■「対処すべき課題」と「事業等のリスク」

　業績等の概要と同様に重要となるのが，**「対処すべき課題」**と**「事業等のリスク」**の2項目といえる。ここで読み解きたいのは，その会社の**今後の伸びしろ**について。いま，会社はどのような状況にあって，どのような課題を抱えているのか。また，その課題に対して取られている対策の具体的な内容などから経営方針などを読み解くことができる。リスクに関しては法改正や安全面，他の企業の参入状況など，会社にとって決してプラスとは言えない情報もつつみ隠さず記載してある。客観的にその会社を再評価する意味でも，ぜひ目を通していただきたい。

　次代を担う就活生にとって，ここの情報はアピールポイントとして組み立てやすい。「新事業の○○の発展に際して……」，「御社が抱える●●というリスクに対して……」などという発言を面接時にできれば，面接官の心証も変わってくるはずだ。

最後に注目したいのが，第5【経理の状況】だ。ここでは，簡単にいえば【主要な経営指標等の推移】の表をより細分化した表が多く記載されている。ここの情報をすべて理解するのは，簿記の知識がないと難しい。しかし，そういった知識があまりなくても，読み解ける情報は数多くある。例えば**損益計算書**などがそれに当たる。

連結損益計算書

（単位：百万円）

	前連結会計年度 （自 平成26年4月1日 至 平成27年3月31日）	当連結会計年度 （自 平成27年4月1日 至 平成28年3月31日）
営業収益	2,756,165	2,867,199
営業費		
運輸業等営業費及び売上原価	1,806,181	1,841,025
販売費及び一般管理費	※1 522,462	※1 538,352
営業費合計	2,328,643	2,379,378
営業利益	427,521	487,821
営業外収益		
受取利息	152	214
受取配当金	3,602	3,703
物品売却益	1,438	998
受取保険金及び配当金	8,203	10,067
持分法による投資利益	3,134	2,565
雑収入	4,326	4,067
営業外収益合計	20,858	21,616
営業外費用		
支払利息	81,961	76,332
物品売却損	350	294
雑支出	4,090	3,908
営業外費用合計	86,403	80,535
経常利益	361,977	428,902
特別利益		
固定資産売却益	※4 1,211	※4 838
工事負担金等受入額	※5 59,205	※5 24,487
投資有価証券売却益	1,269	4,473
その他	5,016	6,921
特別利益合計	66,703	36,721
特別損失		
固定資産売却損	※6 2,088	※6 1,102
固定資産除却損	※7 3,957	※7 5,105
工事負担金等圧縮額	※8 54,253	※8 18,346
減損損失	※9 12,738	※9 12,297
耐震補強重点対策関連費用	8,906	10,288
災害損失引当金繰入額	1,306	25,085
その他	30,128	8,537
特別損失合計	113,379	80,763
税金等調整前当期純利益	315,300	384,860
法人税、住民税及び事業税	107,540	128,972
法人税等調整額	26,202	9,326
法人税等合計	133,742	138,298
当期純利益	181,558	246,561
非支配株主に帰属する当期純利益	1,160	1,251
親会社株主に帰属する当期純利益	180,397	245,309

　主要な経営指標等の推移で記載されていた**経常利益**の算出する上で必要な営業外収益などについて，詳細に記載されているので，一度目を通しておこう。

　いよいよ次ページからは実際の有報が記載されている。ここで得た情報をもとに有報を確実に読み解き，就職活動を有利に進めよう。

✔ 有価証券報告書

※抜粋

■ 企業の概況

1　主要な経営指標等の推移

（1）　連結経営指標等 ···

回次		第159期	第160期	第161期	第162期	第163期
決算年月		2019年3月	2020年3月	2021年3月	2022年3月	2023年3月
売上高	（百万円）	1,650,877	1,751,330	1,480,141	1,543,240	1,642,712
経常利益	（百万円）	157,936	173,347	135,937	103,247	63,125
親会社株主に帰属する 当期純利益	（百万円）	112,571	122,087	92,554	71,436	47,124
包括利益	（百万円）	119,290	86,343	138,303	74,765	36,600
純資産額	（百万円）	722,390	753,915	844,420	872,835	833,944
総資産額	（百万円）	1,846,176	1,889,995	1,870,622	1,956,200	2,016,717
1株当たり純資産額	（円）	3,302.86	3,550.03	4,084.81	4,335.78	4,402.01
1株当たり当期純利益	（円）	511.90	573.14	442.66	350.88	241.24
潜在株式調整後 1株当たり当期純利益	（円）	－	－	－	－	－
自己資本比率	（%）	39.0	39.7	44.9	44.4	41.1
自己資本利益率	（%）	16.2	16.6	11.6	8.4	5.6
株価収益率	（倍）	10.0	5.8	9.6	10.1	17.0
営業活動による キャッシュ・フロー	（百万円）	△71,028	77,475	67,494	80,507	30,101
投資活動による キャッシュ・フロー	（百万円）	△82,288	33,260	△18,683	△37,680	△14,058
財務活動による キャッシュ・フロー	（百万円）	△96,197	△66,647	△37,342	△41,863	△98,668
現金及び現金同等物 の期末残高	（百万円）	437,584	482,655	494,274	496,760	415,863
従業員数 〔外、平均臨時雇用者数〕	（人）	14,433 〔3,649〕	14,562 〔3,816〕	14,620 〔3,951〕	14,518 〔3,993〕	14,466 〔4,035〕

---

point 主要な経営指標等の推移

　数年分の経営指標の推移がコンパクトにまとめられている。見るべき箇所は連結の売上，利益，株主資本比率の3つ。売上と利益は順調に右肩上がりに伸びているか，逆に利益で赤字が続いていたりしないかをチェックする。株主資本比率が高いとリーマンショックなど景気が悪化したときなどでも経営が傾かないという安心感がある。

(2) 提出会社の経営指標等 ·····

回次		第159期	第160期	第161期	第162期	第163期
決算年月		2019年3月	2020年3月	2021年3月	2022年3月	2023年3月
売上高	(百万円)	1,328,425	1,409,523	1,144,940	1,219,267	1,325,598
経常利益	(百万円)	137,817	146,553	115,720	81,856	49,691
当期純利益	(百万円)	96,102	100,195	78,268	57,743	36,951
資本金	(百万円)	122,742	122,742	122,742	122,742	122,742
発行済株式総数	(株)	224,541,172	224,541,172	224,541,172	200,803,372	188,771,572
純資産額	(百万円)	601,523	611,144	669,594	675,164	635,831
総資産額	(百万円)	1,613,082	1,669,936	1,645,642	1,690,241	1,756,258
1株当たり純資産額	(円)	2,757.75	2,892.16	3,252.88	3,369.09	3,375.52
1株当たり配当額 (うち1株当たり 中間配当額)	(円)	130.00 (60.00)	130.00 (65.00)	130.00 (65.00)	130.00 (65.00)	130.00 (65.00)
1株当たり当期純利益	(円)	437.01	470.37	374.33	283.63	189.16
潜在株式調整後 1株当たり当期純利益	(円)	–	–	–	–	–
自己資本比率	(%)	37.3	36.6	40.7	39.9	36.2
自己資本利益率	(%)	16.5	16.5	12.2	8.6	5.6
株価収益率	(倍)	11.8	7.0	11.4	12.5	21.6
配当性向	(%)	29.7	27.6	34.7	45.8	68.7
従業員数 [外、平均臨時雇用者数]	(人)	8,490 [1,134]	8,507 [1,173]	8,572 [1,217]	8,579 [1,225]	8,613 [1,284]
株主総利回り (比較指標：配当込TOPIX)	(%) (%)	97.6 (95.0)	66.0 (85.9)	86.3 (122.1)	75.1 (124.6)	87.9 (131.8)
最高株価	(円)	6,300	5,210	4,530	4,340	4,750
最低株価	(円)	4,385	2,755	3,020	3,280	3,335

(注) 最高・最低株価は，第163期より東京証券取引所プライム市場におけるものであり，それ以前については東京証券取引所市場第一部におけるものであります。

point 減損処理で一時的に落ち込んだROEも回復中

自己資本利益率（＝当期純利益÷自己資本，ROE）とは，借入金等の返済義務のある他人資本とは異なり，返済する必要のない会社の資金源泉「自己資本」に対して，どれだけ効率的に利益を獲得しているかを図る指標である。平成24年3月期に土地・建物等の減損計上により利益が落ち込んで以降は，この指標は元の水準に戻りつつある。

　1873年10月大倉喜八郎氏は，資本金15万円をもって大倉組商会を創立し，機械などの直輸入貿易をおこすとともに諸建造物の造営などに当ったのが，当社の起源であります。

　1887年3月大倉喜八郎氏は，渋沢栄一氏，藤田伝三郎氏と相はかり，資本金200万円をもって有限責任日本土木会社を設立して，上記大倉組商会の業務のうち，土木関係に関するものを分離しこれを継承いたしました。これが当社の前身であり，又わが国における会社組織によった土木建築業のはじめであります。

　1892年11月有限責任日本土木会社は解散し，その事業を大倉喜八郎氏単独経営の大倉土木組に継承いたしました。

　1911年11月大倉土木組は，株式会社大倉組に合併され株式会社大倉組土木部となりました。

　1917年12月株式会社大倉組より分離して資本金200万円の株式会社大倉土木組となり，ここに当社が名実ともに誕生いたしました。

　その後の主な変遷は，次のとおりであります。

1920年12月	・日本土木株式会社と改称
1924年6月	・大倉土木株式会社と改称
1946年1月	・大成建設株式会社と改称
1949年6月	・持株会社整理委員会の管理していた全株式を当社役員・従業員が譲り受けた。
1953年4月	・有楽土地株式会社を東京都中央区に設立
1956年9月	・当社株式を東京店頭市場に公開
1957年9月	・当社株式を東京証券取引所に上場
1959年10月	・当社株式を大阪及び名古屋両証券取引所に上場
1961年6月	・大成道路株式会社を東京都中央区に設立
1963年8月	・大成プレハブ株式会社を東京都中央区に設立
1964年9月	・大成道路株式会社が株式を東京証券取引所市場第2部に上場
1966年8月	・村上建設株式会社を吸収合併（増加資本金103百万円）
1969年5月	・住宅事業並びに不動産取引に関する業務を事業目的に追加した。
1970年5月	・大成道路株式会社が株式を東京証券取引所市場第1部に上場
1970年11月	・大成プレハブ株式会社が本店を東京都品川区に移転

(point) **沿革**

　どのように創業したかという経緯から現在までの会社の歴史を年表で知ることができる。過去に行った重要なM&Aなどがいつ行われたのか，ブランド名はいつから使われているのか，いつ頃から海外進出を始めたのか，など確認することができて便利だ。

1971年12月	・大成プレハブ株式会社が株式を東京証券取引所市場第2部に上場
1973年11月	・有楽土地株式会社が株式を東京証券取引所市場第2部に上場
1979年11月	・本社を東京都中央区より東京都新宿区に移転
1986年6月	・事業目的の変更・追加を行った。
1991年9月	・大成プレハブ株式会社が株式を東京証券取引所市場第1部に上場
1992年4月	・大成道路株式会社が大成ロテック株式会社と改称
2001年8月	・大成プレハブ株式会社が大成ユーレック株式会社と改称
2004年3月	・株式交換により，大成ユーレック株式会社を完全子会社化 ・大成ユーレック株式会社は同年2月に東京証券取引所市場第1部における株式上場を廃止
2008年4月	・有楽土地株式会社が株式を東京証券取引所市場第1部に上場
2009年10月	・株式交換により，大成ロテック株式会社を完全子会社化 ・大成ロテック株式会社は同年9月に東京証券取引所市場第1部における株式上場を廃止
2010年4月	・株式交換により，有楽土地株式会社を完全子会社化 ・有楽土地株式会社は同年3月に東京証券取引所市場第1部における株式上場を廃止
2022年4月	・東京証券取引所の市場区分の見直しにより，東京証券取引所市場第1部からプライム市場に移行 ・名古屋証券取引所の市場区分の見直しにより，名古屋証券取引所市場第1部からプレミア市場に移行

3 事業の内容

　当社グループは，土木事業，建築事業及び開発事業を主な事業とし，さらに各事業に関連する事業を展開しており，連結子会社は45社，持分法適用会社は62社（うち持分法適用関連会社は45社）であります。それらの事業に係る位置付けを報告セグメント等ごとに示すと次のとおりであります。

土木事業

　当社は，土木事業を営んでおり，土木事業を営む大成ロテック（株），成和リニューアルワークス（株）他子会社7社に施工する工事の一部及び資材納入等を発注しております。その他国内では，関連会社の加賀アスコン（株）があります。海外では，子会社1社，関連会社1社が土木事業を営んでおります。

(point) **事業の内容**

　会社の事業がどのようにセグメント分けされているか，そして各セグメントではどのようなビジネスを行っているかなどの説明がある。また最後に事業の系統図が載せてあり，本社，取引先，国内外子会社の製品・サービスや部品の流れが分かる。ただセグメントが多いコングロマリットをすぐに理解するのは簡単ではない。

建築事業

　当社は，建築事業を営んでおり，建築事業を営む大成ユーレック（株），大成設備（株）他子会社1社に施工する工事の一部及び資材納入等を発注しております。その他国内では，戸建住宅建設事業等を営む大成建設ハウジング（株）があります。海外では，ビナタ・インターナショナル他子会社6社，関連会社の中建－大成建築が建築事業を営んでおります。

開発事業

　当社は，不動産の売買，宅地の開発・販売，保有不動産の賃貸等の開発事業を営んでおります。子会社である大成有楽不動産（株）は，住宅地等の開発・販売，マンションの建設・販売，不動産賃貸・管理等の開

　発事業を営んでおり，当社に工事受注に関連した土地，その他の不動産を斡旋しております。さらに同社は，開発事業に係る建設工事を当社に発注しております。その他国内では，不動産の販売・斡旋事業等を営む大成有楽不動産販売（株）他子会社7社，関連会社は（株）ユニモール他15社があります。海外では，子会社9社，関連会社3社が不動産開発事業を営んでおります。

その他

　当社は，受託研究，技術提供，環境測定等建設業に付帯関連する事業を営んでおります。レジャー関連事業を営む子会社は，ゴルフ場経営を行っている北軽井沢開発（株）他1社があり，関連会社は国内に

　2社あります。PFI事業を営む子会社は国内に16社あり，関連会社は国内に15社あります。その他サービス業等を営む子会社は国内に5社あり，関連会社は国内にブイ・エス・エル・ジャパン（株）他5社があります。

　以上に述べた事項の概略図は次に掲げるとおりであります。

ⓟₒᵢₙₜ 本体と子会社が一体となって事業を行う

　大成建設グループの主な事業である，土木事業，建設事業，開発事業それぞれについて，大成建設本体も関わっている。子会社は，主に，大成建設本体の工事の外注先や材料の仕入れ先である他，大成建設本体が建設した案件の販売・賃貸なども行っている。

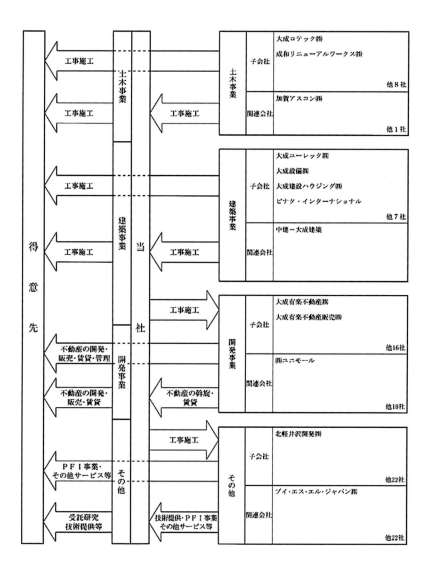

(point) **資本関係のない協力会社も数多く存在**

　大成建設では工事の80％以上を他の工事業者等へ外注している。他の大手ゼネコン
も同様の形態をとっており，工事を外注された業者もさらに他の工事会社等に外注す
るなど，多くの会社との協力関係のもと工事が行われる。ここに記載されている大成
建設関係会社の多くはその外注業者であるが，協力会社の数はこれにとどまらない。

（1）　連結子会社

名称	住所	資本金(百万円)	主要な事業の内容	議決権の所有割合(%)	関係内容
大成ロテック㈱	東京都新宿区	11,305	土木事業	100.0	当社グループより工事の一部を受注している。 役員の兼任等　11名
大成有楽不動産㈱	東京都中央区	10,000	開発事業	100.0	当社の工事受注に関連した不動産を斡旋している。当社グループに工事の発注及び建物の賃貸をしている。当社グループより不動産管理・警備業務・保険代理業務等を受託している。 役員の兼任等　12名
大成ユーレック㈱	東京都港区	4,500	建築事業	100.0	当社グループより工事の一部を受注している。 役員の兼任等　8名
成和リニューアルワークス㈱	東京都港区	300	土木事業	100.0	当社グループより工事の一部を受注している。 役員の兼任等　12名
大成設備㈱	東京都新宿区	625	建築事業	100.0 (0.0)	当社グループより工事の一部を受注している。 役員の兼任等　10名
㈱ジェイファスト	東京都中野区	40	土木事業	100.0 (7.9)	役員の兼任等　11名
北軽井沢開発㈱	群馬県吾妻郡 長野原町	50	その他	100.0	当社より資金援助を受けている。 役員の兼任等　4名
大成有楽不動産販売㈱	東京都中央区	500	開発事業	100.0 (100.0)	役員の兼任等　4名
㈱ボー	東京都中央区	30	土木事業	100.0 (100.0)	当社グループより工事の一部を受注している。 役員の兼任等　3名
㈱エフエムシー	大阪市中央区	20	土木事業	100.0 (100.0)	役員の兼任等　3名
㈱ホテルプリシード郡山	福島県郡山市	10	その他	100.0	当社より資金援助を受けている。 役員の兼任等　4名
タイメック㈱	東京都新宿区	100	建築事業	100.0	当社へ建設資機材を販売している。 役員の兼任等　6名
大成建設ハウジング㈱	東京都新宿区	100	建築事業	100.0	役員の兼任等　7名
シンボルタワー開発㈱	香川県高松市	3,060	開発事業	77.5 (0.7)	当社グループに建物の賃貸をしている。 役員の兼任等　6名
中日本施設管理㈱	東京都中野区	30	土木事業	80.0 (80.0)	役員の兼任等　4名
ネットワーク・アライアンス㈱	東京都千代田区	20	その他	50.0	役員の兼任等　4名
大成コンセッション㈱	東京都新宿区	100	開発事業	100.0	役員の兼任等　5名
大成タイランド	Bangkok, Thailand	千B 20,000	建築事業	49.0	役員の兼任等　5名
大成フィリピン建設	Makati City, Philippines	千P 31,250	建築事業	100.0 (60.0)	役員の兼任等　2名
ピナタ・インターナショナル	Hanoi, Vietnam	千D 66,894,480	建築事業	100.0	役員の兼任等　5名
大成プロインタン建設	Jakarta Selatan, Indonesia	千RP 80,000,000	建築事業	67.0	役員の兼任等　3名
Taisei USA LLC	東京都新宿区	千US$ 78,500	開発事業	100.0	役員の兼任等　1名
その他23社	－	－	－	－	

---

point　関係会社の状況

　主に子会社のリストであり，事業内容や親会社との関係についての説明がされている。特に製造業の場合などは子会社の数が多く，すべてを把握することは難しいが，重要な役割を担っている子会社も多くある。有報の他の項目では一度も触れられていない場合が多いので，気になる会社については個別に調べておくことが望ましい。

(2) 持分法適用関連会社 ···

名称	住所	資本金 (百万円)	主要な事業 の内容	議決権の 所有割合 (%)	関係内容
ブイ・エス・エル・ ジャパン㈱	東京都新宿区	100	その他	34.5 (15.0) [6.0]	当社へ建設資機材を販売している。 役員の兼任等 3名
㈱ユニモール	名古屋市 中村区	600	開発事業	18.9	役員の兼任等　1名
アール40合同会社	東京都千代田区	9,409	開発事業	40.0	
加賀アスコン㈱	石川県能美郡 川北町	30	土木事業	33.3 (33.3)	
中建－大成建築	中華人民共和国 北京市	千RMB 200,000	建築事業	50.0	役員の兼任等　4名
インドタイセイ インダ デベロップメント	Jawa Barat, Indonesia	千RP 70,840,000	開発事業	49.0	役員の兼任等　4名
その他39社	－	－	－	－	

(注) 1　主要な事業の内容欄には，セグメント情報に記載された名称を記載しております。

2　特定子会社に該当する会社はありません。

3　議決権所有割合の（　）内は間接所有割合で内数であり，[　]内は緊密な者又は同意している者の所
有割合で外数であります。

4　外貨については，次の略号で表示しております。

B……タイ・バーツ P……フィリピン・ペソ D……ベトナム・ドン

RP……インドネシア・ルピア US$……米国・ドル RMB……中国・元

(point) 従業員の状況

　主力セグメントや，これまで会社を支えてきたセグメントの人数が多い傾向があるの
は当然のことだろう。上場している大企業であれば平均年齢は 40歳前後だ。また労
働組合の状況にページが割かれている場合がある。その情報を載せている背景として，
労働組合の力が強く，人数を削減しにくい企業体質だということを意味している。

5 従業員の状況

(1) 連結会社の状況 ·····································

2023年3月31日現在

報告セグメント等の名称	従業員数(人)
土木事業	4,268 〔 848〕
建築事業	8,133 〔1,327〕
開発事業	1,898 〔1,772〕
その他	167 〔 88〕
合計	14,466 〔4,035〕

(注) 従業員数は就業人員数であり，〔 〕内は臨時従業員の年間平均人員数を外書きで記載しております。

(2) 提出会社の状況 ·····································

2023年3月31日現在

報告セグメント等の名称	従業員数(人)
土木事業	2,333 〔 384〕
建築事業	6,109 〔 867〕
開発事業	171 〔 33〕
合計	8,613 〔1,284〕

(注) 1 従業員数は就業人員数であり，〔 〕内は臨時従業員の年間平均人員数を外書きで記載しております。
　　 2 出向者等を含めた在籍者数は，8,717人であります。
　　 3 平均年間給与は，賞与及び基準外賃金を含んでおります。

(3) 労働組合の状況 ·····································

労使関係について特に記載すべき事項はありません。

·····································

(point) 深刻な人手不足に直面する建設業界

リーマンショック後の建設市場の不況を受け，建設業界全体として従業員を抑える傾向にあった。しかし，昨今の東日本大震災の復興需要や安倍政権下の公共事業投資増加の政策により急激に需要が増加したために，どの建設会社も人員不足に陥っている。そのため，即戦力となる中途採用を特に強化している。

（4）管理職に占める女性労働者の割合，男性労働者の育児休業取得率及び労働者の男女の賃金の差異 ·····················

会社名	管理職に占める女性労働者の割合(%)(注)1	男性労働者の育児休業取得率(%)	労働者の男女の賃金の差異(%)(注)1			備考
			全労働者	正規雇用労働者	パート・有期労働者	
提出会社	6.0	119.1 (注)3	59.2	59.4	58.3	(注)4
大成ロテック㈱	0.3	121.7 (注)3	54.8	56.2	53.3	(注)4
大成有楽不動産㈱	0.5	72.0 (注)2	68.8	80.2	52.9	(注)4
大成ユーレック㈱	＊	＊	77.5	76.7	66.4	(注)4
大成設備㈱	3.3	－ (注)1	61.7	59.4	65.1	(注)4
㈱ジェイファスト	＊	＊	71.9	72.0	69.1	(注)4
大成有楽不動産販売㈱	1.9	－ (注)1	46.6	64.7	26.8	(注)4
大成建設ハウジング㈱	9.5	＊	72.6	72.3	67.3	(注)4

(注)1　「女性の職業生活における活躍の推進に関する法律」（平成27年法律第64号，以下「女性活躍推進法」という。）の規定に基づき算出したものであります。

また，雇用管理区分ごとの男性労働者の育児休業取得率については，以下のとおりであります。

会社名	総合職	専任職	一般職
大成設備㈱	20.0%	－	－
大成有楽不動産販売㈱	0.0%	－	－

2　「育児休業，介護休業等育児又は家族介護を行う労働者の福祉に関する法律」（平成3年法律第76号，以下「育児・介護休業法」という。）の規定に基づき，「育児休業，介護休業等育児又は家族介護を行う労働者の福祉に関する法律施行規則」（平成3年労働省令第25号，以下「育児・介護休業法施行規則」という。）第71条の4第1号における育児休業等の取得割合を算出したものであります。

3　育児・介護休業法の規定に基づき，育児・介護休業法施行規則第71条の4第2号における育児休業等及び育児目的休暇の取得割合を算出したものであります。

4　労働者の男女の賃金の差異については，性別に関係なく同一の制度を適用しておりますが，在籍者の平均年齢，人数の差等により生じております。

5　「＊」は，女性活躍推進法又は育児・介護休業法による公表義務がないため，記載を省略していることを示しております。

(point) **業績等の概要**

この項目では今期の売上や営業利益などの業績がどうだったのか，収益が伸びたあるいは減少した理由は何か，そして伸ばすためにどんなことを行ったかということがセグメントごとに分かる。現在，会社がどのようなビジネスを行っているのか最も分かりやすい箇所だと言える。

事業の状況

1 経営方針，経営環境及び対処すべき課題等

(1) 会社の経営の基本方針 ··

　グループ理念（人がいきいきとする環境を創造する）の下，自由闊達・価値創造・伝統進化の３つの価値を“大成スピリット”として全役職員が共有し，自然との調和の中で，安全・安心で魅力ある空間と豊かな価値を生み出し，次世代のための夢と希望に溢れた地球社会づくりに取り組みます。

(2) 中長期的な会社の経営戦略及び対処すべき課題 ························

　建設投資は，新型コロナウイルス感染症の流行により，中長期的に縮小することも想定されましたが，大きく縮小することはなく，底堅い公共投資と，コロナ後を見据えた製造業を中心とした旺盛な民間設備投資に牽引され，コロナ前を上回る水準まで持ち直しつつあります。

　しかしながら，建設資材価格が幅広い品目で高騰したことが工事の損益に甚大な影響をもたらしており，当社グループを取り巻く経営環境は非常に厳しい状況となっております。

　このような状況の下，2023年度を最終年度とする「中期経営計画（2021-2023）」に取り組んでおりますが，事業量拡大に向けた生産体制整備の遅れや，高騰した建設資材価格の価格転嫁が進まなかったこと，厳しい競争の中で複数の大型工事を低い利益率で受注したこと等の影響を受け，2023年度の業績予想は，中期経営計画最終年度の数値目標を下回る見通しとなっております。

　2023年度は，中期経営計画未達の原因分析を行い，2024年度から始まる次期中期経営計画を策定してまいります。

---

point **東京オリンピックの経済効果に期待**

　建設市場全体として，3年連続で工事受注高が増加している。これは，東日本大震災の復興需要やアベノミクスによる公共事業投資の増加，消費税増税前の駆け込み需要によるものである。来年度は消費税駆け込み需要の反動減等により受注の減少も見込まれているが，中長期的にはオリンピック経済効果が期待されている。

最終年度（2023年度）における数値目標（連結）

	中期経営計画（2021-2023）最終年度（2023年度）		
	数値目標	業績予想	差額
売上高	20,000億円	17,600億円	△2,400億円
営業利益	1,400億円	640億円	△760億円
当期純利益	1,000億円	450億円	△550億円
ROE	10%程度	5.4%	－
配当性向	25%程度	53.7%	－
純有利子負債（※）	実質無借金の維持	－	－

※DX：デジタル・トランスフォーメーション

中長期的に目指す姿 [TAISEI VISION 2030]

進化し続ける The CDE³ (キューブ)カンパニー
人々が豊かで文化的に暮らせるレジリエントな社会づくりに貢献する先駆的な企業グループ

CDE³（キューブ）：Construction, Development, Engineering, Energy, Environment

■基本姿勢

安全・安心の実現

「人」と「技術」と「情報」の最適活用

■業績数値イメージ

グループ売上高	2.5兆円程度
グループ純利益	1,500億円程度
ROE	10%程度

(point) **生産，受注及び販売の状況**

生産高よりも販売高の金額の方が大きい場合は，作った分よりも売れていることを意味するので，景気が良い，あるいは会社のビジネスがうまくいっていると言えるケースが多い。逆に販売額の方が小さい場合は製品が売れなく，在庫が増えて景気が悪くなっていると言える場合がある。

■ステークホルダーへの還元

顧客・サプライヤー・社会	CDE[3]を通じた還元
株主	配当性向25〜30%
社員	ダイバーシティ&インクルージョンを進め、多様な能力を最大限発揮できる働きやすい環境や人事・給与制度を実現

中期経営計画 (2021—2023)
■重点課題│事業関連

グループ国内建築事業	厳しい競争環境下における優位性の確立
グループ国内土木事業	強固な事業基盤確立のための体制整備
グループ海外建設事業	安定的な事業基盤の確立と確実に利益を上げる体制の構築
グループ開発事業	不動産ポートフォリオの最適化と投資効率の追求による安定的な収益基盤の構築
グループエンジニアリング事業	強みを生かした事業領域の拡大

■重点課題│サステナビリティ関連

エネルギー・環境	環境分野のフロントランナーを目指して、カーボンニュートラルに向けた取り組みを加速させる スコープ1・2：事業活動によるCO_2排出量目標を「実質ゼロ」へ スコープ3　　：ZEB性能の向上とグリーン調達の拡大
基盤整備	サステナビリティを踏まえた基盤整備を実施する 安全　　：死亡災害・重大事故ゼロ 技術開発：環境・社会課題解決に向けた技術開発の推進 DX[※]　：生産システム変革と働き方改革の実現 働き方改革：魅力ある職場環境やダイバーシティ&インクルージョンを重視した施策推進 ガバナンス：グループガバナンス体制の再構築

※DX：デジタル・トランスフォーメーション

(point) **受注実績の増加が顕著**

　前年度と比較すると，売上実績の増加幅以上に受注実績が増加している。工事完成までは時間を要することから，受注実績の中には当年度の売上にはなっていないものも含まれている。そのため，現在の建設需要増加を反映して，翌年度は当年度以上に売上実績が伸びる可能性もある。

■投資計画

	中期経営計画	3ヵ年実施予定
●投資額	2,500億円	2,500億円
1．技術開発投資	600億円	720億円
2．情報投資	600億円	590億円
3．設備・人材関連投資	150億円	150億円
4．事業関連投資	1,250億円	1,100億円

※1・2には一部重複を含む
※事業領域拡大を目的とするM＆A投資等は別枠で実施

投資額のうち環境関連投資に含まれるもの

	中期経営計画	3ヵ年実施予定
技術開発投資	420億円	540億円
事業関連投資	180億円	90億円
計	600億円	630億円

（3） その他経営方針に関する事項 ‥‥‥‥‥‥‥‥‥‥‥‥‥‥‥‥‥‥‥‥‥‥

①施工中工事における鉄骨建方等の精度不良について

　　札幌支店で施工中の「(仮称)札幌北1西5計画」において，鉄骨建方等の精度不良が発生しました。品質管理部門の独立をはじめとした品質管理体制の強化等，再発防止に向けた対策を実施し，全社を挙げて信用・信頼の回復に努めてまいります。

②独占禁止法違反容疑事件に係る控訴審判決及び上告申立てについて

　　2018年3月にリニア中央新幹線ターミナル駅新設工事に関する独占禁止法違反容疑で当社及び当社顧問が東京地方検察庁により起訴された事件について控訴を提起しておりましたが，2023年3月に東京高等裁判所より，当社に対する有罪判決及び当社顧問に対する執行猶予付き有罪判決が言い渡されまし

(point) 土木事業と開発事業の業績は堅調

建築事業の採算が悪化している一方で，土木事業及び開発事業の売上高と利益率はともに増加している。土木事業は売上増加による利益率の改善，開発事業はビルの賃料上昇やオフィスビルの空室率が改善したこと，また景気の好転により不動産契約数が増加したために，業績が改善したものとみられる。

た。

　当社は，これらを受け，2023年3月に最高裁判所へ上告いたしました。

　なお，2021年3月に東京地方裁判所へ提起した公正取引委員会による排除
措置命令の取消訴訟につきましては，継続しております。

　引き続き，裁判手続において，独占禁止法違反がなかったことを主張してま
いります。

2　サステナビリティに関する考え方及び取組

　当社グループのサステナビリティに関する考え方及び取組は，次のとおりであ
ります。なお，文中の将来に関する事項については，「(1) 共通　（ガバナンス)」
に記載の推進体制のもと，取締役会等において合理的な根拠に基づく適切な検討
を経たものであります。

(1)　共通 ···

（ガバナンス）

■サステナビリティ基本方針

　当社グループは，「人がいきいきとする環境を創造する」という「グループ理
念」，及びグループ理念を追求するための「自由闊達」・「価値創造」・「伝統進化」
という3つの「大成スピリット」のもと，建設業を中核とした事業を通じてサス
テナビリティ課題の解決を図るというサステナビリティ・トランスフォーメー
ション（SX）を実現し，人々が豊かで文化的に暮らせるレジリエントな社会づ
くりに貢献することをサステナビリティの基本方針としております。サステナ
ビリティ課題の解決にあたっては，それがリスクの減少のみならず，新たな収
益機会にもつながることを認識し，積極的・能動的に取り組むこととしており
ます。

■サステナビリティ経営の推進体制

　当社は，2022年4月に，サステナビリティ課題への対応を一元化したサス
テナビリティ総本部を新設し，同総本部長を当社グループの業務執行における
サステナビリティ経営の推進に関する責任を負う最高サステナビリティ責任者
（CSO）に選任しました。

(point) **対処すべき課題**

　有報のなかで最も重要であり注目すべき項目。今，事業のなかで何かしら問題があれ
ばそれに対してどんな対策があるのか，上手くいっている部分をどう伸ばしていくの
かなどの重要なヒントを得ることができる。また今後の成長に向けた技術開発の方向
性や，新規事業の戦略ついての理解を深めることができる。

サステナビリティ総本部には，カーボンニュートラルに向けた課題解決及び
サステナビリティ全般に関する戦略機能を一元化した「サステナビリティ経営
推進本部」と，クリーンエネルギー・環境関連の事業推進機能を一元化した「ク
リーンエネルギー・環境事業推進本部」の2つの本部を設置しております。

　また，社会と当社グループ相互の持続可能性を追求していく姿勢をより明確
にするため，取締役会委員会である「CSR委員会」を「サステナビリティ委員会」
に改称しました。サステナビリティ委員会は多様な視点を取り入れるために社
外取締役を委員長とし，代表取締役社長を含む取締役6名（うち社外取締役2名）
を委員として構成しております。

　サステナビリティに関連する重要事項については，環境委員会等の業務委員
会における審議を経て，定期的に経営会議，サステナビリティ委員会及び取締
役会に付議しております。

　取締役会で審議・決定された議案は，当社の各担当部門及びグループ各社に
伝達し，それぞれの経営計画・事業運営に反映しています。また，その内容は，
必要に応じて各事業所における具体的な実施事項に織り込まれ，取引先にも協
力を要請することになります。

(point) **価格競争と建設物価上昇で建築事業は赤字転落**

　建築事業の利益率が大きく減少し，赤字に転落している。当年度は建設に対する需要
が伸びてきているものの，激しい受注競争から，売価が低価格化してしまっている。
加えて，昨今の建設物価（資材費や労務費など建設にかかる費用の単価）が上昇して
いることを受け，一部の大型案件の採算が悪化したことが原因である。

サステナビリティ経営推進体制図

(2023年6月27日現在)

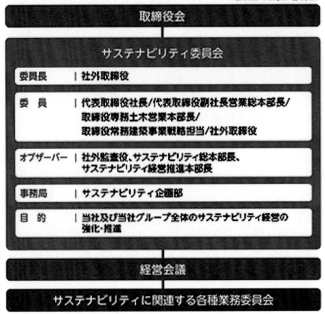

取締役会		

サステナビリティ委員会	
委員長	社外取締役
委　員	代表取締役社長/代表取締役副社長営業総本部長/ 取締役専務土木営業本部長/ 取締役常務建築事業戦略担当/社外取締役
オブザーバー	社外監査役、サステナビリティ総本部長、 サステナビリティ経営推進本部長
事務局	サステナビリティ企画部
目　的	当社及び当社グループ全体のサステナビリティ経営の 強化・推進

経営会議

サステナビリティに関連する各種業務委員会

（戦略）

■ [TAISEI VISION 2030]

　当社グループは，2021年5月に，中長期的な外部環境や構造変化を，「IX（インダストリー・トランスフォーメーション）：業界再編圧力の高まり，SX：環境・社会課題を事業を通じて解決する方向へ，DX：DXが競争力を左右する時代へ」の3つのXとして特定し，グループ理念等に基づいて「中長期的に目指す姿 [TAISEI VISION2030]」を策定しました。

　「安全・安心の実現」，「『人』と『技術』と『情報』の最適活用」を基本姿勢として，「進化し続けるThe　CDE3（キューブ）カンパニー～人々が豊かで文化的に暮らせるレジリエントな社会づくりに貢献する先駆的な企業グループ～」を目指しており，その中で，SXに対しては「環境分野のフロントランナーを目

(point) **事業等のリスク**

　「対処すべき課題」の次に重要な項目。新規参入により長期的に価格競争が激しくなり企業の体力が奪われるようなことがあるため，その事業がどの程度参入障壁が高く安定したビジネスなのかなど考えるきっかけになる。また，規制や法律，訴訟なども企業によっては大きな問題になる可能性があるため，注意深く読む必要がある。

指してカーボンニュートラルに向けた取り組みの加速」,「ダイバーシティ＆イ
ンクルージョンを進め,多様な能力を最大限発揮できる働きやすい環境や人事・
給与制度の実現」に向けて取り組んでおります。

■中期経営計画 (2021-2023)

[TAISEI VISION 2030]の実現に向けて足元の事業環境を考慮しながら,3
年間で集中的に取り組むことを重点課題として特定し,事業関連とサステナビ
リティ関連に分類して取り組んでおります。

サステナビリティ関連については,「エネルギー・環境」・「安全」・「技術開発」・
「DX」・「働き方改革」・「ガバナンス」の6分野を特定の上,各分野において具
体的な重点施策を実行しております。

■ マテリアリティ（取り組むべき重点課題）

社会及びステークホルダーの関心や社会課題を認識するとともに,当社グ
ループの経営への影響（インパクト）を踏まえ,以下の8つのマテリアリティ（取
り組むべき重要課題）を特定しております。

---

① 持続可能な環境配慮型社会の実現

② 品質の確保と技術の向上

③ 持続可能な社会の実現に向けた技術開発

④ サプライチェーン・マネジメントの推進

⑤ 労働安全衛生管理の徹底

⑥ 技術者の育成・担い手の確保

⑦ 働きがいのある魅力的な職場環境の実現

⑧ コンプライアンスの徹底　グループガバナンス体制の再構築

また,マテリアリティに沿ったKPI（重要業績評価指標）を定め,取り組み
の可視化を図ることにより,事業活動を通じた社会課題の解決★価値創造に取
り組んでおります。なお,各マテリアリティの中期経営計画 (2021-2023) 重
点施策への反映については,「大成建設グループ統合レポート2022（サステナ
ビリティ経営の全体像と中期経営計画の取り組み）」をご覧ください。(https://
www.taisei-sx.jp/management/materiality/)

(point) **販売用物件の評価額低下が業績を圧迫するリスク**

大成建設では,販売目的で建物や土地といった不動産を保有している。そのため,こ
れらの販売可能性が低くなった場合や,見込まれる販売価格(時価)が下落した場合は,
多額の減損損失を計上する可能性がある。

（リスク管理）

　中期経営計画（2021-2023）における，マテリアリティのKPI及びサステナビリティ関連の重点施策については，担当の各本部でアクションプランに則り実施し，その進捗状況をサステナビリティ経営推進本部等が確認しております。その上で，関連する業務委員会，経営会議，サステナビリティ委員会で事前審議を行い，取締役会に定期的に報告しております。取締役会が定期的に審議・監督を行うことにより，その実効性を確保しております。

　また，後述の「3事業等のリスク」に記載のとおり，「(14) 気候変動等環境課題に関するリスク」をはじめとする当社グループの事業におけるサステナビリティ関連リスクを投資家の判断に重要な影響を及ぼす可能性があるリスクと認識し，発生の回避及び発生した場合の対応に努めるとともに，その状況について，定期的に経営会議及び取締役会に報告を行っております。

（指標及び目標）

　中期経営計画（2021-2023）における，各マテリアリティのKPIは以下のとおりであります。

　各KPIの2022年度の実績値については，「大成建設グループ統合レポート2023」のウェブサイトに掲載予定であります（2023年9月予定）。

---

point　財政状態，経営成績及びキャッシュ・フローの状況の分析

　「事業等の概要」の内容などをこの項目で詳しく説明している場合があるため，この項目も非常に重要。自社が事業を行っている市場は今後も成長するのか，それは世界のどの地域なのか，今社会の流れはどうなっていて，それに対して売上を伸ばすために何をしているのか，収益を左右する費用はなにか，などとても有益な情報が多い。

マテリアリティ (中期経営計画重点施策例)	KPI 指標		2021年度 実績	2023年度 目標
E ① 持続可能な環境配慮型社会の実現	スコープ 1+2	売上高あたりのCO_2排出量削減率*1	3.3%	▲15%
		総CO_2排出量削減率*1	▲11.8%	▲ 6%
	施工段階	売上高あたりのCO_2排出量削減率*2	▲30.1%	▲41%
		総CO_2排出量削減率*2	▲52.7%	▲46%
	運用段階	設計施工案件のCO_2予測排出量削減率*2	▲44.6%	▲43%
② 品質の確保と技術の向上		お客様満足度(土木)	97.6%	100%
		お客様満足度(建築)	90.0%	100%
		生産性(一人当たり売上高)	0.65億円	0.83億円
③ 持続可能な社会の実現に向けた技術開発		特許出願件数	272件	280件
		ZEB化建物受注件数	6件/年	8件/年
S ④ サプライチェーン・マネジメントの推進		サプライヤーのサステナブル調達評価項目適合率	–	100%
⑤ 労働安全衛生管理の徹底		死亡災害件数	1件	0件
⑥ 技術者の育成・担い手の確保		建設キャリアアップシステム現場登録率	100%	100%
		健康管理残業時間*3	22.6%	0%
		作業所の4週8閉所実績率(土木)	49.5%	100%
		作業所の4週8閉所実績率(建築)	26.6%	100%
⑦ 働きがいのある魅力的な職場環境の実現		女性管理職者数	270名	330名
		男性の育児休業取得率	100%	100%
G ⑧ コンプライアンスの徹底 グループガバナンス体制の再構築		重大な情報セキュリティ事故件数	0件	0件
		贈賄防止等を含むコンプライアンス研修受講率	100%	100%

*1 2019年度比　　*2 1990年度比　　*3 月目標50時間 年720時間超過者

　なお，「①持続可能な環境配慮型社会の実現」については，以下のとおり，グループ長期環境目標「TAISEIGreen Target 2050」を定め，「3つの社会 (脱炭素社会, 循環型社会, 自然共生社会)」の実現と，「2つの個別課題 (森林資源・森林環境, 水資源・水環境)」の解決を目指しております。

(point) 世間の注目が集まり株価も上昇傾向

　翌年度(2014年度)は，リニア中央新幹線，2020年東京オリンピックの国立競技場といった目玉となるようなプロジェクトがいよいよ始動する年であり，世間からの注目も従来以上に集まっている。その影響による株価の上昇によるものとも考えられる。この傾向は今後も続くものと予想される。

「3つの社会」の実現に向けた目標

	脱炭素社会	循環型社会	自然共生社会
	省エネルギー、脱炭素建材、再生可能エネルギーなどに関連する技術・サービスの開発・普及により、「カーボンニュートラル」の実現に貢献	建設資材等のグリーン調達を増やし、建設副産物のリサイクルを進めることにより、「サーキュラーエコノミー」の実現に貢献	自然環境の保全・創出や生物多様性の向上などに関連する技術・サービスの開発・普及により、「ネイチャーポジティブ」の実現に貢献
2050年 目標	カーボンニュートラルの実現・深化 ・スコープ1+2 CO_2排出量 0 ・スコープ3 サプライチェーンCO_2排出量 0	サーキュラーエコノミーの実現・深化 ・グリーン調達率100% ・建設廃棄物の最終処分率 0%	ネイチャーポジティブの実現・深化 ・建設事業に伴う負の影響の最小化 ・自然と共生する事業による正の影響の最大化
2030年 目標	2019年度比 CO_2排出量 スコープ / 原単位 / 総排出量 1+2 / ▲50% / ▲40% 3 / ▲32% / ▲20%	・グリーン調達の推進 ・建設廃棄物の最終処分率 3.0%以下	・ネイチャーポジティブに貢献する提案・工事の実践

※ネイチャーポジティブ：自然を回復軌道に乗せるため、生物多様性の損失を止め、反転させること

「2つの個別課題」の解決に向けた取組目標

森林資源・森林環境	水資源・水環境
・森林破壊ゼロを前提とした木材調達により森林資源・森林環境への負の影響を最小化 ・保全と再生に取り組み、森林資源・森林環境への正の影響を最大化	・適切な管理の徹底と使用量の削減により水資源・水環境への負の影響を最小化 ・保全と再生に取り組み、水資源・水環境への正の影響を最大化

(2) 気候変動対応

　当社グループは，気候変動による事業への影響を重要な経営課題の一つと捉え，2020年7月にTCFD提言に賛同し，2021年5月からTCFD提言に則った情報を開示しております。2021年10月のTCFD提言付属書の一部改訂に対応し，1.5℃シナリオでのリスク／機会の抽出と，開示推奨気候関連指標の検討を行い，2023年3月に一部を更新しました。TCFD提言に基づく情報開

示に関する詳細は当社ウェブサイトをご覧ください。

　（https://www.taisei-sx.jp/esg_guide_line/tcfd/）

（ガバナンス）

　気候変動に関する議案を審議する機関として，取締役会委員会である「サステナビリティ委員会」と業務委員会である「環境委員会」を設置しております。「サステナビリティ委員会」ではESG全般に関する重要な方針や施策を審議しております。また，「環境委員会」では環境経営に関する基本方針や中長期目標を審議し，経営会議に上程しております。

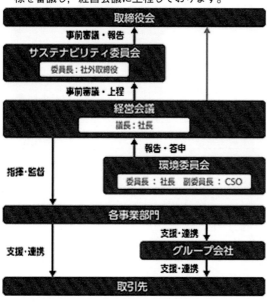

（戦略）

　気候変動に柔軟に対応した事業戦略を立案するため，複数のシナリオを用いてリスクと機会を抽出して事業への影響評価を行い，また，事業戦略を策定のうえ，中期経営計画等に反映しております。

(point) 設備投資等の概要

　セグメントごとの設備投資額を公開している。多くの企業にとって設備投資は競争力向上・維持のために必要不可欠だ。企業は売上の数％など一定の水準を設定して毎年設備への投資を行う。半導体などのテクノロジー関連企業は装置産業であり，技術発展がスピードが速いため，常に多額の設備投資を行う宿命にある。

■ リスクと機会

　気候変動に伴うリスクと機会には，気温上昇を最低限に抑えるための規制の強化や市場の変化といった「移行」に起因するものと，気温上昇の結果生じる急性的な異常気象といった「物理的」変化に起因するものが考えられます。

分類	リスク／機会		内容	影響度
移行	炭素価格導入，CO$_2$排出規制強化による市場縮小と建設コスト増加	リスク	炭素価格導入、CO$_2$排出規制強化による民間建設投資、設備投資減少 建材や電力料金の高騰による建設コスト増加	中
			事業活動で発生するCO$_2$に対する炭素価格適用によるコスト増加	小
	リニューアル需要の増加	機会	既存施設のエネルギー効率向上に向けたリニューアル需要増加	中
	省エネ・再エネ関連需要の増加	機会	ＺＥＢ、スマートシティ関連の需要増加 洋上風力等の再生可能エネルギー関連工事の需要拡大	中
物理的	夏季の平均気温上昇	リスク	建設技能労働者の健康被害（熱中症等）の増加や酷暑時間帯回避による生産性低下 労働環境悪化から建設業入職者が減少し担い手不足が更に加速	中
	自然災害の甚大化・頻発化	リスク	建設作業所等の被災による作業停止、工程遅延、人件費・仮設費の増加	中
		リスク	取引先の被災による調達コストの増加や工程遅延	大
		機会	災害激甚化に備えた設備・インフラの強靭化需要増加	大
		機会	災害が危惧される地域からの移転需要の拡大による新設・移設工事の増加	大
	海面上昇	機会	浸水リスク地域の強靭化設備投資、浸水リスク地域からの移転需要増加	大

■ 気候変動への対応策

　シナリオ分析の結果，抽出された気候変動に伴うリスクの軽減と機会の拡大を図るため，気候変動への対応策を立案し，中長期的に目指す姿 [TAISEI VISION2030] 及び「中期経営計画（2021-2023）」に反映しております。

(point) **主要な設備の状況**

「設備投資等の概要」では各セグメントの1年間の設備投資金額のみの掲載だが，ここではより詳細に，現在セグメント別，または各子会社が保有している土地，建物，機械装置の金額が合計でどれくらいなのか知ることができる。

炭素価格導入や法規制強化に伴う、市場の縮小と建設コストの増加への対応	・当社グループの電力消費量を賄うことを目的とする再生可能エネルギー電源の保有 ・建設作業所での燃料改善策（バイオディーゼル燃料・燃料添加剤）の検討と導入 ・カーボンリサイクル・コンクリートの開発・利用など、グリーン調達の拡大
リニューアル、省エネ・再エネ関連需要増加への対応	・リニューアル専門組織の設置・風力発電関連工事への対応組織の拡充 ・次世代高機能ZEBの開発・実用化とエネルギーサポートサービスの展開 ・経済と環境の好循環により成長が期待される産業に貢献する技術開発
異常気象による建設作業所の生産性低下への対応	・ウェルネス作業所の全国推進による健康被害の低減や酷暑時間帯の作業環境整備 ・作業所業務の一部をデジタルプロダクトセンター等の専門組織に集約化 ・無人化施工技術、ロボット施工技術等の開発・展開等により作業所の生産プロセスを変革
異常気象と災害の激甚化、頻発化、海面上昇への対応	・国土強靭化に向けたインフラ整備技術の開発と提案力の向上 ・豪雨等のリアルタイム浸水危険予測シミュレーション等の開発 ・発注者や取引先と一体となったBCP体制構築と定期訓練実施により事業継続体制を確保

■ **環境関連研究開発投資**

　中期経営計画（2021-2023）において３ヵ年の環境関連投資額を600億円（実施予定額：630億円），そのうち420億円（同540億円）を，経済と環境の好循環により成長が期待される産業分野に貢献する技術開発及び競争優位性のある技術開発に投資することとしております。2023年３月までにこのうち346億円を実行しております。

（リスク管理）

　後述の「3事業等のリスク」に記載のとおり，「(14) 気候変動等環境課題に関するリスク」を投資家の判断に重要な影響を及ぼす可能性があるリスクと認識し，発生の回避及び発生した場合の対応に努めるとともに，その状況について，定期的に経営会議及び取締役会に報告を行っております。

(point) **設備の新設，除却等の計画**

　ここでは今後，会社がどの程度の設備投資を計画しているか知ることができる。毎期どれくらいの設備投資を行っているか確認すると，技術等での競争力維持に積極的な姿勢かどうか，どのセグメントを重要視しているか分かる。また景気が悪化したときは設備投資額を減らす傾向にある。

（指標及び目標）

■グループCO2排出量削減目標（2019年度比）

（売上高あたりのCO2排出量：t-CO2/億円｜総CO2排出量：千t-CO2）

		基準年	実績	グループ長期環境目標 TAISEI Green Target 2050		
		2019 年度	2021 年度	2023 年度	2030 年度	2050 年度
スコープ 1＋2	売上高あたりの CO2排出量 削減率	21.3	22.0 +3.3%	18.2 ▲15%	10.7 ▲50%	排出量 0
スコープ 1＋2	総CO2排出量 削減率	368	325 ▲11.8%	346 ▲6%	218 ▲40%	
スコープ3 カテゴリ 1＋11	売上高あたりの CO2排出量 削減率	288.8	285.8 ▲1.0%	—	196.6 ▲32%	排出量 0
スコープ3 カテゴリ 1＋11	総CO2排出量 削減率	4,988	4,218 ▲15.4%	—	3,990 ▲20%	

なお，2022年度の実績値については，当社ウェブサイトに掲載予定であります（2023年7月予定）。

(3) 人的資本関係 ………………………………………………………

（ガバナンス）

　当社グループは，人材活用方針（ダイバーシティ＆インクルージョン方針）を定め，ダイバーシティ経営の実現に向けて，多様な人材がその能力を最大限発揮できる職場環境を一層整備すべく取り組んでおります。ダイバーシティ＆インクルージョン，働き方改革，健康経営，エンゲージメント等に関わる重要事項については，業務委員会である人事委員会での事前審議を経て，経営会議及び取締役会で審議・決定しております。

（戦略）

■ 中期経営計画（2021-2023）

　「魅力ある職場環境やダイバーシティ＆インクルージョンを重視した施策を推進する」を重点課題に掲げ，多様な人材が活躍できるよう，以下の働き方，職

---

point **株式の総数等**

　発行可能株式総数とは，会社が発行することができる株式の総数のことを指す。役員会では，株主総会の了承を得ないで，必要に応じてその株数まで，株を発行することができる。敵対的TOBでは，経営陣が，自社をサポートしてくれる側に，新株を第三者割り当てで発行して，買収を防止することがある。

場環境の整備に取り組んでおります。

・DX人材等，多様な人材のキャリア採用（中途採用）の拡充と処遇の検討・実施

・女性社員や高齢社員他がライフステージの変化や能力と意欲に応じて活躍できる働き方施策の検討・実施

・役割や責任，成果に応じた報酬・人事制度の検討・実施

■ 人材の採用

新卒採用，キャリア採用（中途採用）のいかんを問わず，性別，年齢，人種や国籍，障がいの有無，性的指向・性自認，宗教・信条，価値観だけでなく，キャリアや経験，働き方などを含めて，多様な能力を有する人材を採用しております。

■ 社内環境整備

多様性を尊重し，役職員一人ひとりが高いエンゲージメントを維持して活躍できるよう，社内環境の整備に取り組んでおります。

・人材育成

多様な人材が，ライフステージや能力，意欲に応じた活躍ができるよう，キャリア形成やスキルアップ，スキルシフトを後押しする仕組みを構築する。

・人事制度

多様な能力に基づいて，責任や成果に応じた評価・報酬が得られるような人事制度を構築する。

・職場環境

安心して持てる能力を最大限に発揮できるよう，多様な意見や働き方を受け入れ，自由闊達で風通しがよく，違いを認め合い，偏見のない，働きやすい職場環境を整備する。

■ 社内エンゲージメント

2022年度より当社及び主要グループ会社にてエンゲージメントサーベイを

(point) **連結財務諸表等**

ここでは主に財務諸表の作成方法についての説明が書かれている。企業は財務省が定めた規則に従って財務諸表を作るよう義務付けられている。また金融商品取引法に従い, 作成した財務諸表がどの監査法人によって監査を受けているかも明記されている。

開始しました。経営陣のトップダウンのもと，会社と社員の価値観の相違を認識し，相互理解に努め，「働きがい」・「働きやすさ」を重視したエンゲージメントの高い組織を目指しております。

■リスクと機会

　国内の少子高齢化により生産年齢人口は減少しており，働き手を確保し，企業の持続的成長を図るためには，女性や高齢者，外国籍人材等の活用が欠かせない状況になっております。女性をはじめとする多様な属性の社員の活躍を推進するための取り組みや，子育て・介護と仕事の両立支援など多様な働き方を推進する取り組みを経営に活かすことは，個人と組織のパフォーマンスを向上させ，事業の成長と企業価値向上につながります。

（リスク管理）

　人材活用方針（ダイバーシティ＆インクルージョン方針）や中長期的に目指す姿及び中期経営計画に基づいて人材活用の自主管理目標を設定し，その実施状況について，人事委員会で事前審議を行い，必要に応じて経営会議及び取締役会に報告を行っております。また，後述の「3事業等のリスク」に記載のとおり，「(12) 労働環境リスク」及び「(15) 人権課題に関するリスク」を投資家の判断に重要な影響を及ぼす可能性があるリスクと認識しております。「(12) 労働環境リスク」については，発生の回避及び発生した場合の対応について，人事委員会で事前審議を行い，定期的に経営会議及び取締役会に報告を行っております。「(15) 人権課題に関するリスク」については，人権方針に基づき，人権デューデリジェンスの取り組みを実施し，予防・軽減に努めております。その状況については，取締役会委員会であるサステナビリティ委員会に報告を行っております。

（指標及び目標）

　「働きがいのある魅力的な職場環境の実現」をマテリアリティとして掲げ，以下のKPIを設定しております。

(point) 連結財務諸表

　ここでは貸借対照表(またはバランスシート，BS)，損益計算書(PL)，キャッシュフロー計算書の詳細を調べることができる。あまり会計に詳しくない場合は，最低限，損益計算書の売上と営業利益を見ておけばよい。可能ならば，その数字が過去5年，10年の間にどのように変化しているか調べると会社への理解が深まるだろう。

KPI 指標	対象	2022年度		2023年度
		目標	実績	目標
女性採用比率	当社	－	21%	23%
女性管理職者数		300名	313名	330名
男性の育児休業取得率		100%	※ 119%	100%

※本数値は，育児・介護休業法に基づく算出方法（分母：雇用する男性労働者のうち，2022年度中に子供が生まれた者，分子：2022年度中に育児休業又は育児目的休暇を取得した者）によるものであります。なお，社内制度に基づく算出方法（子供が生まれた男性労働者の育児休業等取得権利期間中における取得者の割合）においては，2017年度以降に子供が生まれた男性労働者について100%を継続しております。

（4）　その他のサステナビリティに関する考え方及び取組

上記「気候変動対応」，「人的資本関係」以外のサステナビリティに関する考え方及び取組については，当社ウェブサイトをご覧ください。（https://www.taisei-sx.jp/）

3　事業等のリスク

当社グループの事業に関するリスクについて，投資者の判断に重要な影響を及ぼす可能性があると考えられる主な事項を記載しております。

これらのリスクが顕在化した場合には，当社グループの業績及び財政状態，並びに社会的信用に悪影響を及ぼす可能性があります。当社グループは，リスクが発生する可能性を認識し，発生の回避及び発生した場合の対応に努めてまいります。なお，文中の将来に関する事項は，当連結会計年度末現在において当社グループが判断したものであります。

（1）　市場リスク

①建設市場の動向

当社グループの事業は国内建設事業の占める割合が高く，国内建設市場の急激な縮小や競争環境の激化が生じた場合には，建設事業の受注高・売上高・売上総利益が減少するリスクが生じます。

このリスクに対応するため，リニューアル分野やエンジニアリング事業，開発事業に注力するとともに，Ｍ＆Ａの活用による事業領域の拡大に向けた取り

📍point 価格競争と建設コストの上昇で採算が悪化

工事損失引当金とは，当年度末の手持工事（翌年度に繰り越される未完成の工事）のうち，将来赤字になると見込まれている金額を引き当てているものである。建設部門を中心に前年度よりもこの金額が増加している。当年度，建設部門の採算が悪化したように，価格競争や建設コストの上昇により赤字案件が増えたものとみられる。

組みを実施しております。また，脱炭素などの環境・社会課題の解決に貢献する技術開発の推進，DXによる生産システムの変革など，サステナビリティを踏まえた経営基盤の整備を進めております。

②資材価格の変動

原材料の価格が高騰した際，請負代金に反映することが困難な場合には，工事収支が悪化するリスクが生じます。

このリスクに対応するため，資材価格動向のモニタリングや予測及び予測精度向上に向けた取り組みを継続するとともに，集約購買・国際調達等による原価低減に努めております。また，発注者との契約締結に際しては，資材価格動向を踏まえた価格交渉，約定による物価スライドの採用等に努めております。

③資産保有リスク

営業上の必要性から，市場価格に基づいて評価される不動産・有価証券等の資産（リスク資産）を保有しているため，時価の下落により，資産が毀損するリスクがあります。

このリスクに対応するため，リスク資産の総量規制枠を設定し，経済合理性の観点から保有資産の見直しを定期的に実施することによりリスクの低減を図っております。

④退職給付債務

年金資産の時価の下落及び運用利回り・割引率等の退職給付債務算定に用いる前提に変更があった場合には，退職給付費用が増加するリスクが生じます。このリスクに対応するため，確定拠出年金制度を一部採用することによりリスクの低減を図っております。

⑤金利水準の変動

金利水準が急激に上昇した場合には，資金調達コストが増加するリスクが生じます。このリスクに対応するため，金利関連のデリバティブ等の金融商品を利用するとともに，年度ごとに資金の
調達額や調達手段を見直すことによりリスクの低減を図っております。

⑥付帯関連する事業のリスク

当社グループは，PFI事業・レジャー事業をはじめとした土木事業・建築事

(point) **同業他社より高い利益率を確保**

同業他社の営業利益率（＝営業利益÷売上高）が1〜2％の水準であるのに対し，当年度の大成建設の営業利益率は3.5％である。昨今は建設市場が縮小傾向にあり，受注競争の激化から価格も下落する傾向にある。その中，大成建設は受注を優位に進め，同業他社よりも高い水準で利益を確保できているものといえる。

業・開発事業に付帯関連する事業を営んでおります。これらの事業の多くは，事業期間が長期にわたるため，事業環境が大きく変化した場合には，事業収支が悪化するリスクが生じます。

このリスクに対応するため，事業環境の変化に即した事業計画の見直しによりリスクの低減を図っております。

(2)　土木事業・建築事業に対する法規制違反リスク

土木事業・建築事業の遂行は，建設業法・建築基準法・労働安全衛生法・公共工事入札契約適正化法・独占禁止法等による法的規制を受けております。

万一，これらの法律に対する違反が発生した場合には，速やかな情報収集と正確な状況把握に努め，適宜弁護士等の専門家の助言・指導等を仰ぎながら，適正に対応するとともに，再発防止策を策定し，周知・徹底いたします。また，実行者を懲戒処分規定に基づいて厳正に処分することとしております。

なお，当社グループにとって特に影響が大きいリスクは以下のとおりであります。

①建設業法等違反リスク

当社グループが，建設業法等に違反し，監督官庁による処分や指導を受けた場合には，営業活動が制限されるリスクが生じます。

このリスクに対応するため，建設業法をはじめとした各種関連法令の事前確認を徹底するとともに，役職員及び専門工事業者に対して法令遵守の啓発活動及び遵守状況のモニタリングを実施しております。

②独占禁止法違反リスク

当社グループは，「グループ行動指針」をはじめとするコンプライアンスに関する諸規程を整備し，その遵守を徹底しておりますが，担当者の錯誤等により独占禁止法に違反し，当社グループ又は役職員が刑事罰・行政処分を受けた場合には，営業活動が制限されるリスクが生じます。

このリスクに対応するため，入札業務の適正確認手続きに関する社内規程や内部通報制度等を整備し，違反行為の抑止に努めております。

(point) 不採算の販売・賃貸物件を整理

固定資産売却益(特別利益)，固定資産売却損(特別損失)とも，当年度は大きく計上されている。これらは主に，販売目的や賃貸目的で保有している不動産(開発事業)を売却した際に生じたものであると考えられるが，当年度はこの事業で不採算となっている部分について，整理を大きく進めたものとみられる。

(3) 知的財産侵害リスク ···

　当社グループが知的財産権を有する施工技術や建物・設備に関する商品・サービス等が，他者に侵害された場合には，受注機会の逸失・訴訟コスト発生等のリスクが生じます。このリスクに対応するため，専門部署間において特許関連情報を適時共有するとともに，社内研修の実施や知的財産関連情報の定期的な発信等の啓発活動を行っており，保有財産の保全監視に努めております。

　なお，当社グループの権利が侵害された場合には，侵害者に対する警告を行い，必要に応じて法的措置を講じます。また，当社グループによる他者の知的財産権侵害が危惧される場合には，専門部署にて調査・判定を行う体制を整備しております。

(4) 不適切な財務報告リスク ···

　当社グループは，財務報告の適正性を確保するために内部統制体制を整備しておりますが，担当者の錯誤等により，財務報告が適正に行われなかった場合には，上場廃止・青色申告取消し等のリスクが生じます。このリスクに対応するため，規定・マニュアル等の整備，会計処理がマニュアルに則って適正に行われているかのモニタリング，正確な財務報告等に関する啓発教育を実施し，内部統制の実効性確保に努めております。

　なお，不適切な財務報告が発生した場合には，速やかな情報収集と正確な状況把握に努めるとともに，不適切な財務報告事例等について管理部門をはじめ関連する部門に水平展開し，適正な財務報告の重要性を周知いたします。また，実行者を懲戒処分規定に基づいて厳正に処分することとしております。

(5) 反社会的勢力リスク ···

　建設作業所等において反社会的勢力からの接触を受け，錯誤等により何らかの取引を行ってしまった場合には，社会的信用の失墜と営業活動が制限されるリスクが生じます。このリスクに対応するため，反社会的勢力への対応マニュアルの整備や全役職員へのメール発信等により，反社会的勢力への対応方針を全役職員へ周知・啓発しております。

(point) 同業他社と比べて高い利益率を誇る

　建設会社は，他の業界の会社と比較すると利益率が低い傾向にある。その中，この5年間だけを見ても大成建設は順調に利益率を上昇させており，同業他社と比較しても高い利益率を誇る。市場が縮小している中においても利益を確保することを経営課題に掲げ，努力してきた成果が表れているものと考えられる。

なお，反社会的勢力から不当要求を受けた場合には，速やかに警察等の外部機関に通報し，組織的に対応いたします。また，契約後に相手方が反社会的勢力であることが判明した場合には，必要に応じて警察と協議のうえ，速やかに契約を解除することとしております。

(6) 施工不良による品質リスク

当社グループは，品質管理・施工技術に関する業務標準や業務フローを定め，品質マネジメントシステムを運用しておりますが，ルールの不徹底や技術者・作業員の錯誤等により，施工不良が発生し，適正な品質を確保できなかった場合には，手直し工事に伴う追加コストや損害賠償金の負担等のリスクが生じます。

このリスクに対応するため，品質管理の統括・指導に特化した独立部門の設置をはじめとした品質管理体制の強化等，品質マネジメントシステムの確実な運用・徹底に努めております。また，品質に関するパトロールの実施や各種教育等により，役職員及び専門工事業者の品質管理力の強化を図っております。

(7) 設計不良リスク

当社グループは，設計管理要領・品質マニュアル等を策定し，設計関連のチェック体制を構築しておりますが，担当者の錯誤等により，設計不良が発生し，顧客の要求水準を充足できなかった場合には，設計や施工の手直しに伴う追加コストや損害賠償金の負担等のリスクが生じます。このリスクに対応するため，QMS（クオリティーマネジメントシステム）等の制定によって設計業務を体系化し，設計業務プロセスの監視を行っております。

(8) 工程遅延リスク

建設事業では，事前の施工計画等の検討に基づき，適正工期による契約に努め，施工中は確実な工程管理を実施しておりますが，事故・トラブル及び労務不足や資機材調達遅延等により，建物等の引き渡しが遅延した場合には，工事促進に伴う追加コストや遅延損害金の負担等のリスクが生じます。

このリスクに対応するため，組織的管理体制を構築し，労務状況の早期把握や

(point) 借入金の返済を進めて財務基盤を強化

連結経営指標等にある自己資本比率とは，総資産のうち返済の必要のない資本の割合である。この割合が高いと財政基盤が強固であるといえる。大成建設は財務体質の強化を最重要の経営課題とし，注力してきた。この5年間を見ても，大成建設は借入額よりも返済額が常に上回っていることから，自己資本比率も上昇傾向にある。

関係本部のパトロールによる工程進捗状況の把握を徹底し，確実な工程管理に努めております。

（9）　事故災害リスク

当社グループの建設作業所において人身や施工物等に関わる重大な事故が発生した場合には，被災者への補償や追加工事費用発生等による工事収支の悪化，指名停止等による営業活動の制限等のリスクが生じます。

このリスクに対応するため，労働安全衛生マネジメントシステムに基づいた安全衛生管理体制を推進するとともに，役職員及び専門工事業者に対する安全衛生教育・指導等を実施することにより事故災害発生防止を図っております。

（10）　情報漏洩・システムトラブルリスク

役職員のパソコン・スマートデバイス等の紛失・盗難，操作上の錯誤等の内部要因及びコンピュータウイルス感染やサイバー攻撃等の外部要因により，当社グループ及び顧客の個人情報等の流出やシステムダウンが発生した場合には，事後対応に要するコストの発生や損害賠償金の負担，業務の遅延・停滞等のリスクが生じます。

このリスクに対応するため，役職員及び専門工事業者に対して情報管理規程体系に基づく取扱ルール・ガイドライン・マニュアル等の遵守を徹底させるとともに，ウイルス対策ソフトの常時更新や信頼性の高いハードの導入，データバックアップ体制の整備を行っております。また，組織内CSIRT（Computer Security IncidentResponseTeam：「シーサート」）を設置し，被害予防を図っております。

なお，情報漏洩・システムトラブルリスクが発生した場合には，情報を一元化して正確な状況把握に努め，適切に対応いたします。また，重大な電子情報セキュリティインシデント発生時には，組織内CSIRTにより被害の最小化と迅速な復旧を図ります。

（11）　大規模災害リスク

大規模災害が発生した場合には，本社・支店の機能が麻痺し，事業継続が困難

(point) 未成工事受入金の増加が示すもの

営業活動によるキャッシュ・フロー（本業からいかに資金を得ているか）が前年度よりも大きく増加している。営業利益の増加も1つの要因であるが，未成工事受入金（工事完成前に顧客から受け取る工事代金）の増加の影響が大きい。ここから，大型の工事の完成が控えていることや受注数が増加していること等が予想される。

となるリスクが生じます。このリスクに対応するため，BCP（事業継続計画）を策定しております。例えば，震度6弱以上の地震が発生した場合には，BCPを自動発動し，速やかに対策本部を立ち上げて，被災情報の収集や被災物件の復旧活動等を行うこととしております。また，本社・支店の非常用電源や通信手段の確保，業界団体や専門工事業者等との連携体制の構築，大規模災害訓練の定期的な実施等によりリスクの低減に努めております。

（12）労働環境リスク

当社グループにおいて，従業員の労働環境・労働条件に関する事業主の義務を十分に果たすことができず，不適切な労働管理，過重労働，ハラスメント等が発生した場合には，従業員の健康被害やメンタル不全，エンゲージメントの低下，更には，法違反の責任追及，損害賠償請求，社会的信用の失墜等のリスクが生じます。

このリスクに対応するため，勤怠管理や健康管理を適正に行うための体制を整備しております。また，過重労働を防止するべく，適正な要員配置や業務内容・配分の見直し等の措置を講じるとともに，休暇取得の促進等を通じて総労働時間の適正化を図っております。ハラスメント防止については，全社員向けのeラーニングや管理職社員向けの研修等の啓発教育，内部通報制度をはじめとした各種相談窓口の周知等により，ハラスメント防止に対する従業員の意識向上を図っております。これらに加えて，エンゲージメントサーベイを定期的に実施し，職場環境の状況・課題を把握のうえ，継続的な改善活動に取り組んでおります。

（13）環境法規制違反リスク

環境法規制違反リスク当社グループの建設作業所等において環境関連法規に違反した場合には，刑事罰・行政処分・損害賠償請求等を受けるリスクが生じます。

このリスクに対応するため，EMS（環境マネジメントシステム）を制定・運用するとともに，環境パトロールによりその遵守状況をチェックしております。

(point) **投資体制を大幅に見直しか？**

当年度は，建物や土地といった不動産を多く売却したことに加え，投資有価証券の売却も進めている。不動産や投資有価証券の取得も進めているが，当年度の売却額が特に大きかったために，3年ぶりに投資活動によるキャッシュ・フローが収入側に転じた。当年度は，投資の体制を大きく見直しているものとみられる。

(14) 気候変動等環境課題に関するリスク ·······························

　企業には事業を通じて気候変動問題等環境課題の解決に取り組むことが求められており，その取り組みや情報開示が不十分な場合には，企業競争力及びステークホルダーからの評価が低下するリスクが生じます。

　このリスクに対応するため，当社グループは，環境方針に掲げる「持続可能な環境配慮型社会の実現」に基づき，グループ長期環境目標「TAISEI Green Target 2050」を定め，3つの社会（脱炭素社会，循環型社会，自然共生社会）の実現と，2つの個別課題（森林資源・森林環境，水資源・水環境）の解決を目指しております。更に，環境方針に基づく環境デューデリジェンスを実施し，当社グループの事業活動が環境に及ぼす負の影響，及び当社グループの事業活動が環境から受ける負の影響に対する予防・軽減等を，サプライチェーンも含め進めております。

　最大の課題であるカーボンニュートラルの実現に向けては，グループ全体で環境負荷低減活動（TSA：TAISEI Sustainable Action）に取り組み，スコープ1・2のCO2排出量削減を進めております。加えて，グリーン調達の推進や環境配慮コンクリート，ZEB技術の開発・普及促進等によりスコープ3のCO2排出量削減に努め，脱炭素社会の実現に貢献してまいります。　これらの環境課題に対する取り組みについては，統合レポートやウェブサイト等で適切に情報開示しております。なお，気候変動についてはTCFD（気候関連財務情報開示タスクフォース）提言に則り，シナリオ分析に基づく気候変動に係るリスク及び収益機会が事業活動に与える影響について情報開示しております。

(15) 人権課題に関するリスク ·······························

　企業にはステークホルダーの人権尊重に取り組むことが求められており，その取り組みや情報開示が不十分な場合には，ステークホルダーの人権を侵害してしまうリスクや，企業競争力及びステークホルダーからの評価が低下するリスクが生じます。　このリスクに対応するため，人権方針に基づく人権デューデリジェンスを実施しており，当社グループの事業活動による人権への負の影響に対する予防・軽減，対策の実効性の評価，苦情処理メカニズムの整備及び取り組みに関する情報開示など，サプライチェーンも含めた人権尊重への取り組みを継続的に

(point) **厳しい経営環境下でも有利子負債の削減を進める**

　財務活動によるキャッシュ・フローは5年間連続で支出側（借入額よりも返済額の方が多い）となっている。厳しい経営環境下において財務体質の強化のため，有利子負債の削減を目標としてきた結果である。さらに，2013年度末に3000億円以上ある有利子負債を，2014年度末には2000億円未満にすることを目標にしている。

実施しております。

（16） 与信リスク ・・

　建設事業の工事代金を受領する前に取引先が信用不安に陥った場合には，工事代金の回収遅延・不能のリスクが生じます。

　このリスクに対応するため，組織的なプロジェクトリスク管理体制を整備し，具体的根拠と客観的評価に基づいた与信管理の徹底に努めております。

（17） 契約リスク ・・

　当社グループの事業において，発注者や関係者の要求・担当者の契約約款に対する理解不足等から，著しく不利な契約を締結した場合には，過度な義務の負担による工事収支の悪化や工事代金の回収不能等のリスクが生じます。

　このリスクに対応するため，不利益条項に対する審査ルールを徹底するとともに，必要に応じて外部の専門家に対応策の検証を依頼する等，営業段階から組織的な契約リスク管理体制を整備・運用しております。また，営業担当者に対して意思決定ルール等を周知教育するための社内研修を行い，リスクの抑止を図っております。

（18） 感染症流行リスク ・・・

　新型コロナウイルスや悪性鳥インフルエンザ等の感染症の流行に伴い，役職員やその家族，専門工事業者の作業員等が感染し，就業不能となった場合には，事業継続が困難となるリスクが生じます。

　このリスクに対応するため，当社では「感染症発生時における事業継続計画」を策定しており，役職員及び専門工事業者へ発生時の行動や職場において感染者が発生した場合の対処等について啓発を行うとともに，必要な消毒液・マスク・個人防護具の備蓄を行っております。

　現在，新型コロナウイルス感染症は，感染症法上，5類感染症に移行しておりますが，再度，感染が拡大した場合においても，速やかに感染防止対策を強化できる体制を整備しております。引き続き，事業継続に努め，社会資本整備の担い

手として建設業に求められる社会的使命を果たします。

(19)　カントリーリスク

　海外事業を行う国・地域において，テロ・戦争・暴動・政情悪化等が発生した場合には，当該地域での事業継続が困難となるリスクがあります。また，現地の法律・商習慣への理解不足等から，著しく不利な契約を締結した場合には，過度な義務の負担による工事収支の悪化や工事代金の回収不能等のリスクが生じます。

　これらのリスクに対応するため，事業継続に関しては，役職員の安全を確保する手段や非常時の危機管理体制の確立に努めるとともに，必要に応じて日本政府・現地日本大使館・外部専門家等との連携を図っております。また，契約上のリスクに対しては，審査ルールを徹底するとともに，契約後は契約条件の履行状況を継続的にチェックし，リスク低減を図っております。　なお，カントリーリスクが発生した場合には，情報を一元化して正確な状況把握に努め，適切に対応します。

(20)　地政学リスク

　海外の特定地域が抱える政治的・軍事的・社会的な緊張の高まりにより，資材価格が高騰するリスクや物流混乱により納期が遅延するリスクがあります。　これらのリスクに対応するため，資材価格の高騰については，メーカーヒアリングや市場調査等により価格動向を早期に把握し，必要に応じて早期調達や代替品への変更等の措置を講じております。また，物流混乱による納期遅延については，製作地や輸送経路の確認を行い，自然条件・社会条件・法的リスク等を検討するとともに，納期遅延を発生させないよう調達業務の進捗管理を行っております。

4　経営者による財政状態，経営成績及びキャッシュ・フローの状況の分析

　当連結会計年度における当社グループの財政状態，経営成績及びキャッシュ・フローの状況の概要並びに経営者
　の視点による当社グループの経営成績等の状況に関する認識及び分析・検討内

容は次のとおりであります。なお，文中の将来に関する事項は，当連結会計年度末現在において判断したものであります。

（1） 経営成績の状況 ……………………………………………………………………

　日本経済は，ウィズコロナの下，社会経済活動の正常化が進み，個人消費や設備投資の持ち直しの動きを継続させたことで，総じて緩やかな回復基調を維持してきました。しかしながら，世界的なインフレ影響の顕在化・ウクライナ情勢・先進国の金融引き締め等を受けた海外経済の減速に伴い，先行きの不透明感が強い状況にあります。

　建設業界においては，民間建設投資が持ち直しを続け，また，公共投資も底堅さを維持しましたが，幅広い品目にわたる建設資材価格の高止まりが，工事の損益に甚大な影響をもたらしていることから，依然として厳しい経営環境が続いております。

　こうした状況のもと，当社グループの経営成績は次のとおりとなりました。

経営成績 （単位：億円）	前連結会計年度 （A）	当連結会計年度 （B）	増減額 （B－A）	増減率 （%）
受注高	15,897	18,104	2,207	13.9%
売上高	15,432	16,427	994	6.4%
営業利益	960	547	△413	△43.0%
経常利益	1,032	631	△401	△38.9%
親会社株主に帰属する 当期純利益	714	471	△243	△34.0%

　受注高は，土木事業及び建築事業で大型工事の受注件数が増加したことから，前連結会計年度比13.9%増の1兆8,104億円となりました。売上高は，建築事業で，前連結会計年度末繰越工事高が増加し，また，工程も順調に進捗したこと等により増加したことから，前連結会計年度比6.4%増の1兆6,427億円となりました。営業利益は，国内の建築事業において，以下を主因とした工事損失引当金の計上や手持工事の利益率低下等により，売上総利益が減益となったことから，前連結会計年度比43.0%減の547億円となりました。

ⓟ 未完成でも売上を計上する工事進行基準

　大成建設のような建設会社では1案件あたりの工事が長期にわたり，金額も大きい。そのため，規模の大きい案件については，工事の進み具合に応じて売上高が計上される（工事進行基準という）。通常は完成まで売上が計上されないが，大成建設では年度末時点で未完成の案件であっても工事が進んだ分だけ売上が計上されている。

・当社札幌支店が施工中の「(仮称)札幌北1西5計画」において発生した鉄骨建方等の精度不良に係る是正工事関連費用として,工事原価が約240億円増加したこと。

・主に東京オリンピック・パラリンピック関連の大型案件一巡以降,戦略的に受注した複数の国内大型建築工事において,原価低減や追加工事の獲得に伴う収支改善以上の建設資材価格の上昇により,収支が悪化したこと。

経常利益は,営業外損益が持分法による投資利益の増加等に伴い好転したものの,営業利益の減少により,前連結会計年度比38.9%減の631億円となりました。親会社株主に帰属する当期純利益は,関係会社出資金売却益を計上したこと等に伴う特別損益の好転により,同34.0%減の471億円となりました。なお,ROE(自己資本当期純利益率)は,前連結会計年度比2.8%低下の5.6%となりました。

経営成績に重要な影響を与える主な要因としては,建設市場を取り巻く業況の推移並びに建設コストの変動等がもたらす経営環境の変化があります。

当連結会計年度における経営環境は,国内経済の持ち直しを背景として,製造業を中心とした民間建設投資が拡大したことに加え,政府による防災・減災,国土強靭化対策等に牽引された公共投資が底堅く推移したことにより,建設投資全体では前連結会計年度を上回る水準で推移する一方,建設資材価格が幅広い品目で高騰し,コスト上昇圧力となっていることから,依然として厳しい状況にあります。今後についても,当連結会計年度並みの建設需要が見込まれるものの,建設資材価格の高止まりが引き続きリスク要因となることが想定されます。

なお,中長期的な外部環境及び対処すべき課題については,「1　経営方針,経営環境及び対処すべき課題等(2)中長期的な会社の経営戦略及び対処すべき課題」に記載のとおりであります。

報告セグメント等の経営成績並びに経営成績の状況に関する認識及び分析・検討内容を示すと次のとおりであります(報告セグメント等の業績につきましては,セグメント間の内部取引を含めて記載しております。)。

① 土木事業

　売上高は，前連結会計年度末繰越工事高が増加し，また，工程も順調に進捗したこと等により，前連結会計年度比2.6％増の4,528億円となりました。営業利益は，増収により完成工事総利益が増加したものの，連結子会社の原材料価格高騰に伴う利益率低下，当社の販売費及び一般管理費（投資計画に基づく研究開発費等）の増加が押し下げ要因となり，概ね前期並みの478億円となりました。

② 建築事業

　売上高は，前連結会計年度末繰越工事高が増加し，また，工程も順調に進捗したこと等により，前連結会計年度比11.5％増の1兆1,172億円となりました。営業損益は，前述の是正工事関連費用計上及び建設資材価格の上昇等に伴う利益率低下により，完成工事総利益が減少したことから，66億円の営業損失（前連結会計年度は338億円の営業利益）となりました。

③ 開発事業

　不動産業界におきましては，ビル賃貸市場は，空室率が全体的に高い水準で推移し，賃料相場も軟調でありましたが，分譲マンション市場は，高い住宅需要と低金利の継続等により，好調を維持しました。

　当社グループにおきましては，売上高は，前連結会計年度に当社において大型不動産を売却したこと等により，前連結会計年度比9.6％減の1,254億円となりました。営業利益は，当社の利益率好転により開発事業総利益が増加したことから同27.5％増の169億円となりました。

④ その他

　売上高は，前連結会計年度比6.7％増の153億円，営業利益は同9.8％増の16億円となりました。

(2) 財政状態の状況 ···

① 資産の状況

　完成工事未収入金の増加等により，資産合計は前連結会計年度末比3.1％・605億円増の2兆167億円となりました。

② 負債の状況

工事未払金の増加等により，負債合計は前連結会計年度末比9.2%・994億円
増の1兆1,827億円となりました。

③　純資産の状況

　親会社株主に帰属する当期純利益を計上したものの，自己株式の取得等により，
前連結会計年度末比4.5%・388億円減の8,339億円となりました。また，自己
資本比率は前連結会計年度末比3.3%低下の41.1%となりました。

(3)　キャッシュ・フローの状況並びに資本の財源及び資金の流動性に係る情報 ‥‥

① 　営業活動によるキャッシュ・フロー

　税金等調整前当期純利益を680億円獲得したこと等により，当連結会計年度
収支は301億円の収入超となりました。（前連結会計年度は805億円の収入超）

　前連結会計年度との比較では，売上債権の増加等により工事関係収支が悪化し
たこと等により504億円の悪化となりました。

② 　投資活動によるキャッシュ・フロー

　有形固定資産の取得等により，当連結会計年度収支は140億円の支出超とな
りました。（前連結会計年度は376

　億円の支出超）前連結会計年度との比較では，投資有価証券の取得による支出
の減少等により236億円の好転となりました。

③ 　財務活動によるキャッシュ・フロー

　自己株式の取得，配当金の支払等により，当連結会計年度収支は986億円の
支出超となりました。（前連結会計年度は418億円の支出超）前連結会計年度と
の比較では，自己株式の取得による支出の増加等により568億円の悪化となりま
した。

　以上により，当連結会計年度末の現金及び現金同等物は4,158億円（前連結会
計年度末比808億円減）となり，また，資金調達に係る有利子負債の残高は2,017
億円（同226億円減）となりました。なお，当連結会計年度末の資金調達に係る
有利子負債の残高のうちノンリコース債務は1億円であります。

　資本の財源及び資金の流動性については，中長期的に目指す姿 [TAISEI

VISION 2030] 及び中期経営計画 (20212023) に基づき，新たに生み出すキャッシュとこれまで蓄積してきた手元資金を主な原資として，株主還元や環境関連投資，DX投資などへ適切に資金を配分してまいります。

　なお，中期経営計画 (2021-2023) においては，M＆Aを実行する場合を除き，実質無借金の維持を数値目標としております。

(4) 生産，受注及び販売の状況 ···

① 受注実績

（単位：百万円）

報告セグメント等の名称	前連結会計年度 （自　2021年4月 1 日 至　2022年3月31日）	当連結会計年度 （自　2022年4月 1 日 至　2023年3月31日）
土木事業	447,198	531,488
建築事業	1,017,751	1,152,519
開発事業	114,003	114,963
その他	10,791	11,474
合計	1,589,745	1,810,445

② 売上実績

（単位：百万円）

報告セグメント等の名称	前連結会計年度 （自　2021年4月 1 日 至　2022年3月31日）	当連結会計年度 （自　2022年4月 1 日 至　2023年3月31日）
土木事業	414,560	423,163
建築事業	984,944	1,092,725
開発事業	132,943	115,349
その他	10,791	11,474
合計	1,543,240	1,642,712

（注）1　受注実績，売上実績においては，セグメント間の取引を相殺消去しております。
　　　2　当社グループでは，生産実績を定義することが困難であるため「生産の状況」は記載しておりません。

（参考）提出会社個別の事業の状況は次のとおりであります。

① 　受注高，売上高，繰越高及び施工高

(point) **財務諸表**

　この項目では，連結ではなく単体の貸借対照表と，損益計算書の内訳を確認することができる。連結＝単体＋子会社なので，会社によっては単体の業績を調べて連結全体の業績予想のヒントにする場合があるが，あまりその必要性がある企業は多くない。

期別	区分		前期繰越高 （百万円）	当期受注高 （百万円）	計 （百万円）	当期売上高 （百万円）	次期繰越高（百万円）			当期施工高 （百万円）
							手持高		うち施工高	
第162期 自 2021年4月1日 至 2022年3月31日	報告セグメント	土木事業	662,745	307,569	970,314	278,685	691,628	1%	5,383	277,765
		建築事業	1,713,638	926,458	2,640,097	897,340	1,742,757	2	27,216	896,266
		計	2,376,384	1,234,027	3,610,412	1,176,026	2,434,385	1	32,599	1,174,032
		開発事業	21,443	16,480	37,923	34,955	2,967	–	–	–
		その他	–	8,285	8,285	8,285	–	–	–	–
		合計	2,397,827	1,258,793	3,656,621	1,219,267	2,437,353	–	–	–
第163期 自 2022年4月1日 至 2023年3月31日	報告セグメント	土木事業	691,628	395,565	1,087,194	293,965	793,228	2%	6,666	295,248
		建築事業	1,742,757	1,051,446	2,794,203	1,004,972	1,789,230	1	36,100	1,013,856
		計	2,434,385	1,447,011	3,881,397	1,298,938	2,582,459	2	42,766	1,309,105
		開発事業	2,967	16,809	19,777	17,966	1,811	–	–	–
		その他	–	8,693	8,693	8,693	–	–	–	–
		合計	2,437,353	1,472,514	3,909,868	1,325,598	2,584,270	–	–	–

(注) 1 前期以前に受注したもので，契約の更改により請負金額に変更のあるものについては，当期受注高にその 増減額を含めております。したがって，当期売上高にもかかる増減額が含まれております。また，前期以 前に外貨建で受注したもので，当期中の為替相場の変動により請負金額に変更のあるものについても同様 に処理しております。

2 次期繰越高の施工高は，支出金により手持高の施工高を推定したものであります。

3 当期施工高は（当期売上高＋次期繰越施工高－前期繰越施工高）に一致します。

4 前期の土木事業及び建築事業の期中受注高のうち海外工事の割合は各々4.6％，3.2％，当期の土木 事業及び建築事業の期中受注高のうち海外工事の割合は各々10.8％，△3.2％であります。

② 受注工事高の受注方法別比率

建設事業の受注方法は，特命と競争に大別されます。

期別	区分	特命	競争	計
第162期 （自 2021年4月1日 至 2022年3月31日）	土木工事	21.9 %	78.1 %	100 %
	建築工事	39.7	60.3	100
第163期 （自 2022年4月1日 至 2023年3月31日）	土木工事	22.6 %	77.4 %	100 %
	建築工事	38.0	62.0	100

(注) 百分比は請負金額比であります。

③ 完成工事高

期別	区分	国内		海外		合計 (B) (百万円)
		官公庁 (百万円)	民間 (百万円)	(A) (百万円)	(A)／(B) (%)	
第162期 (自 2021年4月1日 至 2022年3月31日)	土木工事	141,270	124,811	12,603	4.5	278,685
	建築工事	110,553	740,053	46,733	5.2	897,340
	計	251,824	864,865	59,336	5.0	1,176,026
第163期 (自 2022年4月1日 至 2023年3月31日)	土木工事	149,746	132,646	11,573	3.9	293,965
	建築工事	130,536	819,438	54,997	5.5	1,004,972
	計	280,282	952,085	66,570	5.1	1,298,938

(注) 1 第162期に完成した工事のうち主なものは，次のとおりであります。

東日本旅客鉄道(株) ・日本ホテル(株) JR東日本スポーツ(株)	川崎駅西口開発計画　新築工事
・シンガポール政府 陸上交通庁(LTA)	シンガポール・トムソン東海岸線建設工事T226工区
・三菱UFJ信託銀行(株)	(仮称)イオンモール則武新町新築工事
・森トラスト(株)	(仮称)沖縄瀬底プロジェクト　新築工事
・香川県	香東川総合開発事業　椛川ダム本体建設工事

2 第163期に完成した工事のうち主なものは，次のとおりであります。

・JERAパワー武豊(同)	武豊火力発電所5号機土木建築工事
・西新宿五丁目北地区防災街区 整備事業組合新築工事	西新宿五丁目北地区防災街区整備事業に係る施設建築物等 新築工事
・カタール空港運営管理会社 (MATAR)	カタール・ハマド国際空港旅客ターミナル拡張工事
・日本郵政不動産(株)	蔵前一丁目開発事業
・(独行)鉄道建設・運輸施設 整備支援機構	相鉄・東急直通線，羽沢トンネル他

3 第162期及び第163期ともに，完成工事高総額に対する割合が100分の10以上の相手先はありません。

④ 手持工事高（2023年3月31日）

区分	国内		海外		合計 (B) (百万円)
	官公庁 (百万円)	民間 (百万円)	(A) (百万円)	(A)／(B) (%)	
土木工事	422,954	278,010	92,262	11.6	793,228
建築工事	387,978	1,329,062	72,189	4.0	1,789,230
計	810,933	1,607,073	164,451	6.4	2,582,459

(注) 手持工事のうち主なものは，次のとおりであります。

・(独行) 都市再生機構 　東日本賃貸住宅本部	虎ノ門二丁目地区 (再) 特定業務代行施設建築物建設工事
・中日本高速道路 (株)	東京外かく環状道路　本線トンネル (北行) 大泉南工事
・東日本高速道路 (株)	東京外かく環状道路　大泉南工事
・フィリピン政府・運輸省	フィリピン・南北通勤鉄道事業CP01工区
・明治安田生命保険 (相)	(仮称) 明治安田生命新宿ビル新築工事

(5)　重要な会計上の見積り及び当該見積りに用いた仮定 ·····················

　当社グループの連結財務諸表は，我が国において一般に公正妥当と認められている会計基準に基づき作成しております。この連結財務諸表の作成にあたっては，経営者により，一定の会計基準の範囲内で見積りが行われている部分があり，資産・負債や収益・費用の数値に反映されております。これらの見積りについては，継続して評価し，必要に応じて見直しを行っておりますが，見積りには不確実性が伴うため，実際の結果は，これらとは異なることがあります。

　なお，重要な会計上の見積り及び当該見積りに用いた仮定の詳細につきましては，「第5　経理の状況　1　連結財務諸表等　(1)連結財務諸表　注記事項　(重要な会計上の見積り)」に記載のとおりであります。

(point) **連結売上の8割弱を本体が占める**

　こちらは大成建設本体の経営成績を示す損益計算書である。大成建設グループ連結での売上高が1兆5,334億円であるのに対し，その8割弱が大成建設本体の売上高である。そのため，残りの2割強 (3,373億円) の売上は，子会社が外部顧客に対して工事や不動産の販売・賃貸を行っていることによるものであることが分かる。

設備の状況

1　設備投資等の概要

（土木事業・建築事業）

　当連結会計年度は，支店・工場等のZEB化改修，工事用機械の新規及び更新投資等を行い，その総額は159億円であります。

（開発事業）

　当連結会計年度は，賃貸用ビルの取得等を行い，その総額は23億円であります。

（その他）

　当連結会計年度は，ソフトウェアの新規及び更新投資等を行い，その総額は1億円であります。

　なお，上記設備投資金額には，無形固定資産への投資額を含めて記載しております。

　また，当連結会計年度において，特筆すべき重要な設備の除却，売却等はありません。

2　主要な設備の状況

（1）　提出会社

事業所名 （所在地）	報告セグメント 等の名称	帳簿価額（百万円）						従業 員数 （人）
		建物・ 構築物	機械、 運搬具及び 工具器具 備品	土地			合計	
				面積（㎡）	金額			
本社 （東京都新宿区）	土木事業・ 建築事業他	25,480 (5,983)	4,459	50,993 (31,442)	31,737 (276)	61,677 (6,259)		3,195
支店 （東京都新宿区他）	土木事業・ 建築事業	5,937 (1,559)	244	118,090	32,925	39,108 (1,559)		5,247
都市開発本部 （東京都新宿区他）	開発事業	20,348	188	13,430 (10,936)	30,935 (489)	51,472 (489)		171
合　計		51,767 (7,542)	4,892	182,514 (42,378)	95,598 (765)	152,257 (8,307)		8,613

(point) **円安効果で為替差益が拡大**

　当期は為替レートが円安方向に進行したために，外貨ベースの取引高の換算差が利益側に振れる傾向にあった。大成建設では，海外売上高の割合は一時期よりは少なくなっており，その金額も年々少しずつ減少しているものの，今後は海外事業の収益構造を確立し，利益を確保していく狙いである。

(2) 国内子会社 ···

会社名	事業所名 (所在地)	報告セグメント 等の名称	帳簿価額(百万円)						従業 員数 (人)
			建物・ 構築物	機械、 運搬具及び 工具器具 備品	土地		合計		
					面積(㎡)	金額			
大成ロテック ㈱	本社及び支社 (東京都新宿区他)	土木事業	7,661 (52)	3,462	903,407 (220,102)	18,805 (190)	29,929 (242)		1,239

(3) 在外子会社 ···

記載すべき重要な設備はありません。

(注) 1　帳簿価額に建設仮勘定は含めておりません。
　　　2　建物・構築物，機械，運搬具及び工具器具備品には，リース資産が含まれております。
　　　3　一部を連結会社以外から賃借している設備については，面積及び年間賃借料を下段（ ）内に外書きしております。
　　　4　土地建物のうち賃貸中の主なもの

会社名	事業所名	土地(㎡)	建物(㎡)
提出会社	本社	−	452
	支店	−	1,744
	都市開発本部	3,163	74,054
大成ロテック㈱	本社及び支社	35,582	2,446

3　設備の新設，除却等の計画

重要な設備の新設及び除却等の計画はありません。

point **建設不況から徐々に回復中**

平成21年度から業績が下がった後，また少しずつ業績が改善している。この傾向は同業他社の業績においても見られる。建設業界は，リーマンショック時に建設不況に陥ったが，その後は設備投資も徐々に回復している過程にある。また東日本大震災の復興需要も業績を後押しした。

1 株式等の状況

(1) 株式の総数等 ···

① 株式の総数

種類	発行可能株式総数(株)
普通株式	440,000,000
計	440,000,000

② 発行済株式

種類	事業年度末現在発行数(株)(2023年3月31日)	提出日現在発行数(株)(2023年6月28日)	上場金融商品取引所名又は登録認可金融商品取引業協会名	内容
普通株式	188,771,572	188,771,572	東京証券取引所 プライム市場 名古屋証券取引所 プレミア市場	単元株式数は100株であります。
計	188,771,572	188,771,572	－	－

■ 経理の状況

1 連結財務諸表及び財務諸表の作成方法について ······························
(1)　当社の連結財務諸表は，「連結財務諸表の用語，様式及び作成方法に関する規則」（1976年大蔵省令第28号）に準拠して作成し，「建設業法施行規則」（1949年建設省令第14号）に準じて記載しております。
(2)　当社の財務諸表は，「財務諸表等の用語，様式及び作成方法に関する規則」（1963年大蔵省令第59号）第2条の規定に基づき，同規則及び「建設業法施行規則」（1949年建設省令第14号）により作成しております。

2 監査証明について ··
　当社は，金融商品取引法第193条の2第1項の規定に基づき，連結会計年度（2022年4月1日から2023年3月31日まで）の連結財務諸表及び事業年度（2022年4月1日から2023年3月31日まで）の財務諸表について，有限責任あずさ監査法人による監査を受けております。

3 連結財務諸表等の適正性を確保するための特段の取組みについて ············
　当社は，以下のとおり連結財務諸表等の適正性を確保するための特段の取組みを行っております。
(1)　会計基準等の内容を適切に把握し，適確に対応することができる体制を整備するため，公益財団法人財務会計基準機構に加入し，各種セミナーに参加しております。
(2)　会計基準等の変更や税制改正について建設業界としての対応を検討する一般社団法人日本建設業連合会の会計・税制委員会に参画しております。

1 連結財務諸表等

（1）【連結財務諸表】‥‥‥‥‥‥‥‥‥‥‥‥‥‥‥‥‥

① 【連結貸借対照表】

（単位：百万円）

	前連結会計年度 （2022年3月31日）		当連結会計年度 （2023年3月31日）	
資産の部				
流動資産				
現金預金	※8	499,113	※8	415,950
受取手形・完成工事未収入金等	※1	575,600	※1	688,768
未成工事支出金	※7	47,443	※7	67,658
棚卸不動産		117,831		131,439
その他の棚卸資産		3,389		4,003
その他	※8	53,079	※8	45,847
貸倒引当金		△100		△182
流動資産合計		1,296,356		1,353,485
固定資産				
有形固定資産				
建物・構築物	※5	153,961	※5	161,554
機械、運搬具及び工具器具備品		64,868		68,273
土地	※3	120,914	※3	120,488
建設仮勘定		4,068		5,354
減価償却累計額		△136,376		△142,320
有形固定資産合計		207,435		213,349
無形固定資産		16,016		17,581
投資その他の資産				
投資有価証券	※2, ※4	380,271	※2, ※4	386,906
退職給付に係る資産		23,230		10,875
繰延税金資産		3,543		5,918
その他	※4, ※8	31,215	※4, ※8	30,570
貸倒引当金		△1,869		△1,969
投資その他の資産合計		436,391		432,300
固定資産合計		659,844		663,232
資産合計		1,956,200		2,016,717

	前連結会計年度 （2022年3月31日）	当連結会計年度 （2023年3月31日）
負債の部		
流動負債		
支払手形・工事未払金等	423,349	476,115
短期借入金	97,901	81,965
ノンリコース短期借入金	15	11
1年内償還予定の社債	20,000	−
リース債務	318	347
未成工事受入金	※1　160,733	※1　181,226
預り金	156,315	170,995
完成工事補償引当金	3,250	3,325
工事損失引当金	※7　14,163	※7　47,897
その他	50,317	60,767
流動負債合計	926,363	1,022,652
固定負債		
社債	40,000	40,000
長期借入金	66,279	79,606
ノンリコース長期借入金	128	117
リース債務	592	716
繰延税金負債	12,824	1,711
再評価に係る繰延税金負債	3,274	3,274
役員退職慰労引当金	435	508
役員株式給付引当金	48	48
環境対策引当金	1	−
退職給付に係る負債	15,054	15,037
その他	18,363	19,100
固定負債合計	157,002	160,120
負債合計	1,083,365	1,182,773
純資産の部		
株主資本		
資本金	122,742	122,742
資本剰余金	30,382	30,382
利益剰余金	591,383	562,774
自己株式	△898	△906
株主資本合計	743,609	714,992
その他の包括利益累計額		
その他有価証券評価差額金	97,535	97,090
繰延ヘッジ損益	△8	△6
土地再評価差額金	1,223	1,235
為替換算調整勘定	△1,903	237
退職給付に係る調整累計額	28,429	15,638
その他の包括利益累計額合計	125,277	114,194
非支配株主持分	3,948	4,756
純資産合計	872,835	833,944
負債純資産合計	1,956,200	2,016,717

② 【連結損益計算書及び連結包括利益計算書】

【連結損益計算書】

(単位：百万円)

	前連結会計年度 (自 2021年4月1日 至 2022年3月31日)	当連結会計年度 (自 2022年4月1日 至 2023年3月31日)
売上高		
完成工事高	1,385,516	1,499,803
開発事業等売上高	157,723	142,909
売上高合計	※1 1,543,240	※1 1,642,712
売上原価		
完成工事原価	※2, ※3 1,224,426	※2, ※3 1,378,637
開発事業等売上原価	※3 131,077	※3 116,301
売上原価合計	1,355,503	1,494,939
売上総利益		
完成工事総利益	161,090	121,165
開発事業等総利益	26,646	26,607
売上総利益合計	187,736	147,773
販売費及び一般管理費		
販売費	※4 41,666	※4 40,698
一般管理費	※3, ※4 49,993	※3, ※4 52,333
販売費及び一般管理費合計	91,659	93,032
営業利益	96,077	54,740
営業外収益		
受取利息	1,680	543
受取配当金	4,701	5,366
為替差益	428	1,024
持分法による投資利益	893	2,054
その他	719	721
営業外収益合計	8,423	9,709
営業外費用		
支払利息	910	861
租税公課	120	154
その他	※7 222	※7 309
営業外費用合計	1,253	1,325
経常利益	103,247	63,125

	前連結会計年度 （自 2021年4月1日 至 2022年3月31日）	当連結会計年度 （自 2022年4月1日 至 2023年3月31日）
特別利益		
投資有価証券売却益	1,760	2,405
関係会社出資金売却益	－	3,925
その他	17	236
特別利益合計	1,778	6,567
特別損失		
固定資産売却損	※5 128	※5 485
減損損失	※6 843	※6 295
固定資産除却損	130	246
投資有価証券評価損	52	198
和解金	－	203
その他	366	※8 168
特別損失合計	1,522	1,597
税金等調整前当期純利益	103,503	68,094
法人税、住民税及び事業税	34,211	28,369
法人税等調整額	△2,276	△7,630
法人税等合計	31,935	20,738
当期純利益	71,567	47,356
非支配株主に帰属する当期純利益	131	231
親会社株主に帰属する当期純利益	71,436	47,124

【連結包括利益計算書】

	前連結会計年度 （自 2021年4月1日 至 2022年3月31日）	当連結会計年度 （自 2022年4月1日 至 2023年3月31日）
当期純利益	71,567	47,356
その他の包括利益		
その他有価証券評価差額金	△5,681	△447
繰延ヘッジ損益	△7	△4
為替換算調整勘定	1,581	2,136
退職給付に係る調整額	6,729	△12,776
持分法適用会社に対する持分相当額	575	337
その他の包括利益合計	※1 3,197	※1 △10,755
包括利益	74,765	36,600
（内訳）		
親会社株主に係る包括利益	74,462	36,030
非支配株主に係る包括利益	302	570

③ 【連結株主資本等変動計算書】

前連結会計年度（自　2021年4月1日　至　2022年3月31日）

（単位：百万円）

	株主資本				
	資本金	資本剰余金	利益剰余金	自己株式	株主資本合計
当期首残高	122,742	60,198	621,568	△85,916	718,593
会計方針の変更による累積的影響額			178		178
会計方針の変更を反映した当期首残高	122,742	60,198	621,747	△85,916	718,772
当期変動額					
剰余金の配当			△26,598		△26,598
親会社株主に帰属する当期純利益			71,436		71,436
自己株式の取得				△20,007	△20,007
自己株式の処分				6	6
自己株式の消却		△105,018		105,018	-
利益剰余金から資本剰余金への振替		75,202	△75,202		-
土地再評価差額金の取崩			0		0
株主資本以外の項目の当期変動額（純額）（注）					
当期変動額合計	-	△29,816	△30,364	85,017	24,837
当期末残高	122,742	30,382	591,383	△898	743,609

	その他の包括利益累計額						非支配株主持分	純資産合計
	その他有価証券評価差額金	繰延ヘッジ損益	土地再評価差額金	為替換算調整勘定	退職給付に係る調整累計額	その他の包括利益累計額合計		
当期首残高	103,215	△15	1,223	△3,847	21,675	122,251	3,575	844,420
会計方針の変更による累積的影響額								178
会計方針の変更を反映した当期首残高	103,215	△15	1,223	△3,847	21,675	122,251	3,575	844,599
当期変動額								
剰余金の配当								△26,598
親会社株主に帰属する当期純利益								71,436
自己株式の取得								△20,007
自己株式の処分								6
自己株式の消却								-
利益剰余金から資本剰余金への振替								-
土地再評価差額金の取崩			△0			△0		-
株主資本以外の項目の当期変動額（純額）（注）	△5,679	7		1,944	6,754	3,026	372	3,398
当期変動額合計	△5,679	7	△0	1,944	6,754	3,026	372	28,236
当期末残高	97,535	△8	1,223	△1,903	28,429	125,277	3,948	872,835

当連結会計年度（自　2022年4月1日　至　2023年3月31日）

（単位：百万円）

	株主資本				
	資本金	資本剰余金	利益剰余金	自己株式	株主資本合計
当期首残高	122,742	30,382	591,383	△898	743,609
会計方針の変更による累積的影響額					
会計方針の変更を反映した当期首残高	122,742	30,382	591,383	△898	743,609
当期変動額					
剰余金の配当			△25,722		△25,722
親会社株主に帰属する当期純利益			47,124		47,124
自己株式の取得				△50,007	△50,007
自己株式の処分		0		0	0
自己株式の消却		△49,999		49,999	－
利益剰余金から資本剰余金への振替		49,999	△49,999		－
土地再評価差額金の取崩			△11		△11
株主資本以外の項目の当期変動額（純額）（注）					
当期変動額合計	－	－	△28,609	△7	△28,616
当期末残高	122,742	30,382	562,774	△906	714,992

	その他の包括利益累計額						非支配株主持分	純資産合計
	その他有価証券評価差額金	繰延ヘッジ損益	土地再評価差額金	為替換算調整勘定	退職給付に係る調整累計額	その他の包括利益累計額合計		
当期首残高	97,535	△8	1,223	△1,903	28,429	125,277	3,948	872,835
会計方針の変更による累積的影響額								－
会計方針の変更を反映した当期首残高	97,535	△8	1,223	△1,903	28,429	125,277	3,948	872,835
当期変動額								
剰余金の配当								△25,722
親会社株主に帰属する当期純利益								47,124
自己株式の取得								△50,007
自己株式の処分								0
自己株式の消却								
利益剰余金から資本剰余金への振替								
土地再評価差額金の取崩			11			11		
株主資本以外の項目の当期変動額（純額）（注）	△445	1		2,140	△12,791	△11,094	807	△10,286
当期変動額合計	△445	1	11	2,140	△12,791	△11,082	807	△38,890
当期末残高	97,090	△6	1,235	237	15,638	114,194	4,756	833,944

【連結株主資本等変動計算書の欄外注記】

（注）土地再評価差額金の取崩による変動額を除いております。

④ 【連結キャッシュ・フロー計算書】

（単位：百万円）

	前連結会計年度 （自 2021年4月1日 至 2022年3月31日）	当連結会計年度 （自 2022年4月1日 至 2023年3月31日）
営業活動によるキャッシュ・フロー		
税金等調整前当期純利益	103,503	68,094
減価償却費	10,907	11,478
減損損失	843	295
貸倒引当金の増減額（△は減少）	146	183
工事損失引当金の増減額（△は減少）	12,055	33,734
退職給付に係る負債の増減額（△は減少）	△2,847	△24
退職給付に係る資産の増減額（△は増加）	△11,559	12,354
受取利息及び受取配当金	△6,382	△5,909
支払利息	910	861
為替差損益（△は益）	△428	△1,024
投資有価証券評価損益（△は益）	52	198
投資有価証券売却損益（△は益）	△1,662	△2,300
関係会社出資金売却損益（△は益）	－	△3,925
固定資産売却損益（△は益）	117	329
固定資産除却損	130	246
持分法による投資損益（△は益）	△893	△2,054
売上債権の増減額（△は増加）	△35,560	△112,919
未成工事支出金の増減額（△は増加）	3,833	△20,206
棚卸不動産の増減額（△は増加）	2,060	△13,761
未収入金の増減額（△は増加）	△19,229	8,562
仕入債務の増減額（△は減少）	46,737	52,384
未成工事受入金の増減額（△は減少）	△12,784	20,312
預り金の増減額（△は減少）	14,453	14,639
その他	6,798	△7,058
小計	111,203	54,491
利息及び配当金の受取額	7,248	8,123
利息の支払額	△915	△879
法人税等の支払額	△37,030	△31,632
営業活動によるキャッシュ・フロー	80,507	30,101

	前連結会計年度 （自 2021年4月1日 至 2022年3月31日）	当連結会計年度 （自 2022年4月1日 至 2023年3月31日）
営業活動によるキャッシュ・フロー		
税金等調整前当期純利益	103,503	68,094
減価償却費	10,907	11,478
減損損失	843	295
貸倒引当金の増減額（△は減少）	146	183
工事損失引当金の増減額（△は減少）	12,055	33,734
退職給付に係る負債の増減額（△は減少）	△2,847	△24
退職給付に係る資産の増減額（△は増加）	△11,559	12,354
受取利息及び受取配当金	△6,382	△5,909
支払利息	910	861
為替差損益（△は益）	△428	△1,024
投資有価証券評価損益（△は益）	52	198
投資有価証券売却損益（△は益）	△1,662	△2,300
関係会社出資金売却損益（△は益）	－	△3,925
固定資産売却損益（△は益）	117	329
固定資産除却損	130	246
持分法による投資損益（△は益）	△893	△2,054
売上債権の増減額（△は増加）	△35,560	△112,919
未成工事支出金の増減額（△は増加）	3,833	△20,206
棚卸不動産の増減額（△は増加）	2,060	△13,761
未収入金の増減額（△は増加）	△19,229	8,562
仕入債務の増減額（△は減少）	46,737	52,384
未成工事受入金の増減額（△は減少）	△12,784	20,312
預り金の増減額（△は減少）	14,453	14,639
その他	6,798	△7,058
小計	111,203	54,491
利息及び配当金の受取額	7,248	8,123
利息の支払額	△915	△879
法人税等の支払額	△37,030	△31,632
営業活動によるキャッシュ・フロー	80,507	30,101

【注記事項】
（連結財務諸表作成のための基本となる重要な事項）

1　連結の範囲に関する事項 ……………………………………………………

（1）　連結子会社数　　　　　45社

　主要な連結子会社名は，「第1　企業の概況　4　関係会社の状況」に記載しているため，省略しております。

（2）　主要な非連結子会社の名称等

　　　愛媛ホスピタルパートナーズ（株）

　　　大宮クロスポイント（株）

（連結の範囲から除いた理由）

　非連結子会社は，いずれも小規模会社であり，合計の総資産，売上高，当期純損益（持分に見合う額）及び利益剰余金（持分に見合う額）等は，いずれも連結財務諸表に重要な影響を及ぼしていないため，連結の範囲から除外しております。

2　持分法の適用に関する事項 ……………………………………………………

（1）　持分法適用の非連結子会社数　17社

　主要な会社名

　　　愛媛ホスピタルパートナーズ（株）

　　　大宮クロスポイント（株）

（2）　持分法適用の関連会社数　　　45社

　主要な持分法適用の関連会社名は，「第1 企業の概況　4　関係会社の状況」に記載しているため，省略しております。

　なお，当連結会計年度より，新規に設立した5社及び株式を取得した1社を持分法適用の範囲に含めており

　ます。また，株式を売却した2社及び清算した1社については，持分法適用の範囲から除外しております。

3 連結子会社の事業年度等に関する事項 ･････････････････････････

　連結子会社のうちビナタ・インターナショナル他計21社の決算日は12月31日であります。連結財務諸表の作成にあたっては，各社の決算日現在の財務諸表を使用しております。ただし，連結決算日までの期間に発生した重要な取引については連結上必要な調整を行っております。

　上記以外の連結子会社の事業年度は連結財務諸表提出会社と同一であります。

4 会計方針に関する事項 ･･････････････････････････････････

(1) 重要な資産の評価基準及び評価方法 ･････････････････････

① 有価証券

　・満期保有目的の債券

　　　定額法による償却原価法

　・その他有価証券

　　市場価格のない株式等以外のもの

　　　決算日の市場価格等に基づく時価法

　　　（評価差額は全部純資産直入法により処理し，売却原価は移動平均法により算定）

　　市場価格のない株式等

　　　移動平均法による原価法

② デリバティブ

　時価法

③ 棚卸資産

　・未成工事支出金

　　　主として個別法による原価法

　・棚卸不動産

　　　主として個別法による原価法

　　　（貸借対照表価額は収益性の低下に基づく簿価切下げの方法により算定）

　・その他の棚卸資産

　　　その他事業支出金

主として個別法による原価法
　　　（貸借対照表価額は収益性の低下に基づく簿価切下げの方法により算定）
　　材料貯蔵品
　　　主として移動平均法による原価法
　　　（貸借対照表価額は収益性の低下に基づく簿価切下げの方法により算定）

(2)　重要な減価償却資産の減価償却方法 ………………………………………

① 建物・構築物
　　主として定額法
　　なお，耐用年数及び残存価額については，主として法人税法に規定する方法
　と同一の基準によっております。
② その他の有形固定資産
　　主として定率法
　　なお，耐用年数及び残存価額については，主として法人税法に規定する方法
　と同一の基準によっております。
③ 無形固定資産
　　主として定額法
　　なお，耐用年数については，主として法人税法に規定する方法と同一の基準
　によっております。
④ 所有権移転外ファイナンス・リース取引に係るリース資産
　　リース期間を耐用年数とし，残存価額を零とする定額法

(3)　重要な引当金の計上基準 ………………………………………………………

① 貸倒引当金
　　債権の貸倒による損失に備えるため，一般債権については貸倒実績率により，
　貸倒懸念債権等特定の債権については個別に回収可能性を勘案し，回収不能見
　込額を計上しております。
② 完成工事補償引当金
　　完成工事に係る契約不適合を理由とした履行の追完に要する費用等に備える

ため，過去の一定期間における補償実績率による算定額を計上しております。

③　工事損失引当金

受注工事に係る将来の損失に備えるため，当連結会計年度末における手持工事のうち，損失の発生が見込まれ，かつ，その金額を合理的に見積もることができる工事について，損失見込額を計上しております。

④　役員退職慰労引当金

一部の連結子会社において，取締役及び監査役の退職慰労金の支給に充てるため，内規に基づく当連結会計年度末要支給額を計上しております。

⑤　役員株式給付引当金

役員株式給付規程に基づく将来の取締役への連結財務諸表提出会社株式等の給付に備えるため，当連結会計年度末における株式給付債務の見込額を計上しております。

⑥　環境対策引当金

「ポリ塩化ビフェニル廃棄物の適正な処理の推進に関する特別措置法」によって処理することが義務づけられているPCB廃棄物の処理に備えるため，その処理費用見込額を計上しております。

(4)　退職給付に係る会計処理の方法 ···

①　退職給付見込額の期間帰属方法

退職給付債務の算定にあたり，退職給付見込額を当連結会計年度末までの期間に帰属させる方法については，給付算定式基準によっております。

②　数理計算上の差異及び過去勤務費用の費用処理方法

過去勤務費用は，その発生時の従業員の平均残存勤務期間以内の一定の年数（1年〜10年）による定額法（一部の連結子会社は定率法）により費用処理しております。

数理計算上の差異は，各連結会計年度の発生時における従業員の平均残存勤務期間以内の一定の年数（1年〜10年）による定額法（一部の連結子会社は定率法）により，それぞれ発生の翌連結会計年度（一部の連結子会社は当連結会計年度）から費用処理することとしております。

(5) 完成工事高の計上基準 ···

　当社グループの主要な事業における顧客との契約から生じる収益に関する主な
履行義務の内容及び当該履行義務を充足する通常の時点（収益を認識する通常の
時点）は，以下のとおりであります。

　土木・建築事業においては，工事契約を締結しており，工事の進捗に応じて一
定の期間にわたり履行義務が充足されると判断していることから，少額又は期間
がごく短い工事を除き，履行義務の充足に係る進捗度に基づき収益を認識してお
ります。なお，履行義務の充足に係る進捗度の見積りは，当連結会計年度末まで
に実施した工事に関して発生した工事原価が工事原価総額に占める割合をもって
工事進捗度とする原価比例法によっております。

　また，契約の初期段階を除き，履行義務の充足に係る進捗度を合理的に見積も
ることができないものの，発生費用の回収が見込まれる場合は，原価回収基準に
より収益を認識しており，少額又は期間がごく短い工事については，工事完了時
に収益を認識しております。

　なお，取引の対価を受領する時期は契約条件ごとに異なるものの，当連結会計
年度において取引価格に重要な金融要素を含む工事契約はありません。

(6) 重要なヘッジ会計の方法 ···

① ヘッジ会計の方法

　繰延ヘッジ処理によっております。

　ただし，特例処理の要件を満たす金利スワップについては，当該処理によっ
ております。

② ヘッジ手段とヘッジ対象

　・ヘッジ手段

　　デリバティブ取引（金利スワップ，金利オプション，為替予約及び有価
証券先渡取引等）

　・ヘッジ対象

　　相場変動等による損失の可能性がある資産又は負債のうち，相場変動等
が評価に反映されていないもの及びキャッシュ・フローを固定することに

より相場変動等による損失の可能性が回避されるもの。

③ ヘッジ方針

金利変動リスクの減殺，金融費用・為替リスクの低減及び有価証券の価格変動リスクの減殺を目的とし，デリバティブ取引の執行と管理に関する権限・責任・実務内容等を定めた各社の内規に基づいた運用を実施しております。

④ ヘッジ有効性評価の方法

ヘッジ手段とヘッジ対象の時価変動額比率によって有効性を評価し，6ヶ月ごとに有効性の検証を実施しております。

なお，有効性の評価には，オプションの時間的価値等を含んだ包括的な時価を採用しております。

(7) のれんの償却方法及び償却期間 ···························

のれんの償却については，20年以内のその効果の及ぶ期間にわたって均等償却を行っております。ただし，のれんの金額に重要性が乏しい場合には，当該のれんが生じた連結会計年度の費用として処理しております。

(8) 連結キャッシュ・フロー計算書における資金の範囲 ···········

連結キャッシュ・フロー計算書における資金（現金及び現金同等物）は，手許現金，随時引出可能な預金及び容易に換金可能であり，かつ，価値の変動について僅少なリスクしか負わない取得日から3ヶ月以内に償還期限の到来する短期投資からなります。

(9) その他連結財務諸表作成のための重要な事項 ···············

・関連する会計基準等の定めが明らかでない場合に採用した会計処理の原則及び手続

建設工事共同企業体（ジョイントベンチャー）に関する会計処理は，建設工事共同企業体を独立の会計単位として認識せず，連結財務諸表提出会社及び一部の連結子会社の会計に組み込む処理を行っており，完成工事高及び完成工事原価は出資の割合に応じて計上しております。

（重要な会計上の見積り）

1　一定の期間にわたり認識される完成工事高

（1）　連結損益計算書に計上した金額

	前連結会計年度 （自　2021年4月1日 至　2022年3月31日）	当連結会計年度 （自　2022年4月1日 至　2023年3月31日）
	1,144,487百万円	1,267,930百万円

（2）　識別した項目に係る重要な会計上の見積りの内容に関する情報

　　　原価比例法により，一定の期間にわたり認識される完成工事高は，合理的に見積もられた工事収益総額，工事原価総額及び決算日における履行義務の充足にかかる進捗度に基づいて計上しておりますが，見積りには一定の不確実性が伴うことから，見積りの見直しが必要となった場合には完成工事高が変動し，翌期以降の各期の業績に影響を与える可能性があります。

（会計方針の変更）

1　「収益認識に関する会計基準」等の適用

　　「時価の算定に関する会計基準の適用指針」（企業会計基準適用指針第31号2021年6月17日。以下「時価算定会計基準適用指針」という。）を当連結会計年度の期首から適用し，時価算定会計基準適用指針第27-2項に定める経過的な取扱いに従って，時価算定会計基準適用指針が定める新たな会計方針を将来にわたって適用することとしております。

　　これにより，投資信託財産が不動産である投資信託について，市場における取引価格が存在せず，かつ，解約等に関して市場参加者からリスクの対価を求められるほどの重要な制限がないことから，基準価額を時価とする方法に変更しております。

　　この結果，連結財務諸表に与える影響は軽微であります。

　　なお，「金融商品関係」注記の金融商品の時価のレベルごとの内訳等に関する事項における投資信託に関する注記事項においては，時価算定会計基準適用指針第27-3項に従って，前連結会計年度に係るものについては記載しておりません。

2 「時価の算定に関する会計基準」等の適用

「時価の算定に関する会計基準」（企業会計基準第30号　2019年7月4日。以下「時価算定会計基準」という。）等を当連結会計年度の期首から適用し，時価算定会計基準第19項及び「金融商品に関する会計基準」（企業会計基準第10号　2019年7月4日）第44-2項に定める経過的な取扱いに従って，時価算定会計基準等が定める新たな会計方針を，将来にわたって適用することとしております。なお，連結財務諸表に与える影響はありません。

また，「金融商品関係」注記において，金融商品の時価のレベルごとの内訳等に関する事項等を注記しております。ただし，「金融商品の時価等の開示に関する適用指針」（企業会計基準適用指針第19号　2020年3月31日）第7-4項に定める経過的な取扱いに従って，当該注記のうち前連結会計年度に係るものについては記載しておりません。

（未適用の会計基準等）

・「法人税，住民税及び事業税等に関する会計基準」（企業会計基準第27号　2022年10月28日）

・「包括利益の表示に関する会計基準」（企業会計基準第25号　2022年10月28日）

・「税効果会計に係る会計基準の適用指針」（企業会計基準適用指針第28号　2022年10月28日）

1　概要

その他の包括利益に対して課税される場合の法人税等の計上区分及びグループ法人税制が適用される場合の子会社株式等の売却に係る税効果の取扱いを定めるものであります。

2　適用予定日

2025年3月期の期首より適用する予定であります。

3　当該会計基準等の適用による影響

影響額は，当連結財務諸表の作成時において評価中であります。

・「電子記録移転有価証券表示権利等の発行及び保有の会計処理及び開示に関

する取扱い」（実務対応報告第43号　2022年8月26日）

1　概要

　株式会社が「金融商品取引業等に関する内閣府令」（平成19年内閣府令第52号。）第1条第4項第17号に規定される「電子記録移転有価証券表示権利等」を発行又は保有する場合の会計処理及び開示に関する取扱いを定めるものであります。

2　適用予定日

　2024年3月期の期首より適用する予定であります。

3　当該会計基準等の適用による影響

　影響額は，当連結財務諸表の作成時において評価中であります。

（表示方法の変更）

・連結損益計算書

1　貸倒引当金繰入額に係る表示方法の変更

　　従来，区分掲記していた営業外費用の「貸倒引当金繰入額」は，金額的重要性が乏しくなったため，当連結会計年度より「その他」に含めて表示しております。この表示方法の変更を反映させるため，前連結会計年度の連結財務諸表の組替えを行っております。

　　この結果，前連結会計年度の連結損益計算書において，営業外費用に表示していた「貸倒引当金繰入額」10百万円は，「その他」として組み替えております。

2　租税公課に係る表示方法の変更

　　従来，営業外費用の「その他」に含めていた「租税公課」は，営業外費用の総額の100分の10を超えたため，当連結会計年度より区分掲記することとしております。この表示方法の変更を反映させるため，前連結会計年度の連結財務諸表の組替えを行っております。この結果，前連結会計年度の連結損益計算書において，営業外費用の「その他」に表示していた332百万円は，「租税公課」120百万円，「その他」211百万円として組み替えております。

3　固定資産売却損に係る表示方法の変更

従来，特別損失の「その他」に含めていた「固定資産売却損」は，特別損失の総額の100分の10を超えたため，当連結会計年度より区分掲記することとしております。この表示方法の変更を反映させるため，前連結会計年度の連結財務諸表の組替えを行っております。この結果，前連結会計年度の連結損益計算書において，特別損失の「その他」に表示していた495百万円は，「固定資産売却損」128百万円，「その他」366百万円として組み替えております。

・連結キャッシュ・フロー計算書

1　完成工事補償引当金の増減額に係る表示方法の変更

　　従来，区分掲記していた営業活動によるキャッシュ・フローの「完成工事補償引当金の増減額」は，金額的重要性が乏しくなったため，当連結会計年度より「その他」に含めて表示しております。この表示方法の変更を反映させるため，前連結会計年度の連結財務諸表の組替えを行っております。

　　この結果，前連結会計年度の連結キャッシュ・フロー計算書において，営業活動によるキャッシュ・フローに表示していた「完成工事補償引当金の増減額」849百万円は，「その他」として組み替えております。

2　固定資産売却損益に係る表示方法の変更

　　従来，営業活動によるキャッシュ・フローの「その他」に含めていた「固定資産売却損益」は，金額的重要性が増したため，当連結会計年度より区分掲記することとしております。この表示方法の変更を反映させるため，前連結会計年度の連結財務諸表の組替えを行っております。この結果，前連結会計年度の連結キャッシュ・フロー計算書において，営業活動によるキャッシュ・フローの「その他」に表示していた6,066百万円は，「固定資産売却損益」117百万円，「その他」5,948百万円として組み替えております。

（追加情報）

・取締役に対する業績連動型株式報酬制度について

1　取引の概要

　　連結財務諸表提出会社は，取締役に対して業績連動型株式報酬制度「株式給付信託（BBT（＝Board Benefit Trust））」（以下「本制度」という。）を導入し

ております。　本制度は，連結財務諸表提出会社が拠出する金銭を原資として連結財務諸表提出会社の普通株式（以下「株式」という。）が信託を通じて取得され，取締役に対して役員株式給付規程に従って，株式及び株式を時価で換算した金額相当の金銭（以下「株式等」という。）が信託を通じて給付される業績連動型株式報酬制度です。なお，取締役が株式等の給付を受ける時期は，原則として取締役の退任時となります。

2　信託に残存する株式

　　信託に残存する株式を，信託における帳簿価額（付随費用の金額を除く。）により，純資産の部に自己株式として計上しております。当該自己株式の期末帳簿価額及び期末株式数は，前連結会計年度385百万円，104千株，当連結会計年度385百万円，104千株であります。

2 財務諸表等

（1）【財務諸表】 ･･･

① 【貸借対照表】

（単位：百万円）

	前事業年度 （2022年3月31日）		当事業年度 （2023年3月31日）	
資産の部				
流動資産				
現金預金	439,882		358,319	
受取手形	9,723		21,010	
完成工事未収入金	472,832		584,610	
販売用不動産	22,859		26,253	
未成工事支出金	※3	40,066	※3	59,459
開発事業等支出金	12,700		10,946	
その他	52,245		39,378	
貸倒引当金	△80		△166	
流動資産合計	1,050,229		1,099,812	
固定資産				
有形固定資産				
建物	92,394		98,233	
減価償却累計額	△45,178		△47,451	
建物（純額）	※2	47,216	※2	50,781
構築物	3,713		3,772	
減価償却累計額	△2,730		△2,787	
構築物（純額）	※2	983	※2	985
機械及び装置	12,323		12,807	
減価償却累計額	△9,717		△10,431	
機械及び装置（純額）	2,605		2,375	
車両運搬具	1,474		1,831	
減価償却累計額	△816		△1,029	
車両運搬具（純額）	657		801	
工具器具・備品	9,617		10,078	
減価償却累計額	△8,072		△8,363	
工具器具・備品（純額）	1,545		1,714	
土地	96,297		95,598	
建設仮勘定	1,628		2,579	
有形固定資産合計	150,934		154,837	
無形固定資産	12,572		14,321	
投資その他の資産				
投資有価証券	320,955		322,296	
関係会社株式	※1	87,822	※1	92,090
その他の関係会社有価証券	39,640		43,059	
関係会社長期貸付金	※1	10,152	※1	9,897
長期前払費用	441		442	
前払年金費用	6,361		9,028	
その他	21,268		20,862	
貸倒引当金	△10,138		△10,390	
投資その他の資産合計	476,504		487,286	
固定資産合計	640,012		656,446	
資産合計	1,690,241		1,756,258	

	前事業年度 （2022年3月31日）	当事業年度 （2023年3月31日）
負債の部		
流動負債		
支払手形	※5 10,082	※5 10,843
電子記録債務	※5 50,346	※5 59,086
工事未払金	※5 309,417	※5 352,311
短期借入金	67,703	55,757
1年内償還予定の社債	20,000	–
リース債務	245	281
未払法人税等	13,063	8,984
未成工事受入金	150,882	169,272
預り金	※5 217,702	※5 238,429
完成工事補償引当金	2,378	2,588
工事損失引当金	※3 13,903	※3 47,459
その他	※5 25,021	※5 37,767
流動負債合計	880,746	982,784
固定負債		
社債	40,000	40,000
長期借入金	51,457	65,814
リース債務	493	549
繰延税金負債	10,855	2,261
退職給付引当金	25,213	21,998
役員株式給付引当金	48	48
その他	※5 6,262	※5 6,970
固定負債合計	134,330	137,642
負債合計	1,015,077	1,120,427
純資産の部		
株主資本		
資本金	122,742	122,742
資本剰余金		
資本準備金	30,686	30,686
資本剰余金合計	30,686	30,686
利益剰余金		
その他利益剰余金		
固定資産圧縮積立金	1,414	1,414
別途積立金	363,500	338,500
繰越利益剰余金	62,719	48,949
利益剰余金合計	427,634	388,863
自己株式	△898	△906
株主資本合計	580,163	541,386
評価・換算差額等		
その他有価証券評価差額金	95,000	94,450
繰延ヘッジ損益	–	△4
評価・換算差額等合計	95,000	94,445
純資産合計	675,164	635,831
負債純資産合計	1,690,241	1,756,258

② 【損益計算書】

(単位：百万円)

	前事業年度 （自 2021年4月1日 至 2022年3月31日）	当事業年度 （自 2022年4月1日 至 2023年3月31日）
売上高		
完成工事高	1,176,026	1,298,938
開発事業等売上高	43,241	26,660
売上高合計	1,219,267	1,325,598
売上原価		
完成工事原価	※1, ※2 1,043,628	※1, ※2 1,202,997
開発事業等売上原価	※2 35,558	※2 14,903
売上原価合計	1,079,187	1,217,901
売上総利益		
完成工事総利益	132,397	95,940
開発事業等総利益	7,682	11,756
売上総利益合計	140,080	107,697
販売費及び一般管理費		
販売員給料手当	16,255	15,831
広告宣伝費	1,040	1,130
販売員旅費雑費	20,215	20,231
役員報酬	858	794
従業員給料手当	5,532	6,394
退職給付費用	196	△408
法定福利費	1,243	1,391
福利厚生費	1,239	1,470
修繕維持費	167	212
事務用品費	128	139
通信交通費	334	443
動力用水光熱費	32	35
調査研究費	※2 9,363	※2 9,922
貸倒引当金繰入額	△32	77
交際費	78	144
寄付金	606	590
地代家賃	609	669
減価償却費	91	92
租税公課	3,477	3,223
保険料	123	102
雑費	3,223	3,552
販売費及び一般管理費合計	64,786	66,041
営業利益	75,293	41,655

	前事業年度 （自 2021年4月1日 至 2022年3月31日）	当事業年度 （自 2022年4月1日 至 2023年3月31日）
営業外収益		
受取利息	1,463	326
有価証券利息	2	6
受取配当金	※3　5,398	※3　7,444
その他	757	1,345
営業外収益合計	7,621	9,122
営業外費用		
支払利息	584	594
社債利息	162	130
貸倒引当金繰入額	1	8
租税公課	120	154
その他	188	198
営業外費用合計	1,058	1,086
経常利益	81,856	49,691
特別利益		
投資有価証券売却益	1,760	2,319
その他	※4　266	※4　327
特別利益合計	2,026	2,647
特別損失		
固定資産売却損	※6　0	※6　479
減損損失	818	109
固定資産除却損	37	197
投資有価証券評価損	31	197
関連事業損失	※5　207	※5　348
和解金	－	203
その他	104	138
特別損失合計	1,198	1,672
税引前当期純利益	82,684	50,666
法人税、住民税及び事業税	27,312	22,063
法人税等調整額	△2,371	△8,349
法人税等合計	24,941	13,714
当期純利益	57,743	36,951

a 【完成工事原価報告書】

区分	注記番号	前事業年度 (自 2021年4月1日 至 2022年3月31日)		当事業年度 (自 2022年4月1日 至 2023年3月31日)	
		金額(百万円)	構成比 (%)	金額(百万円)	構成比 (%)
材料費		123,254	11.8	127,022	10.6
労務費		77,194	7.4	81,301	6.8
(うち労務外注費)		(77,190)	(7.4)	(81,300)	(6.8)
外注費		639,202	61.3	759,820	63.1
経費		203,976	19.5	234,852	19.5
(うち人件費)		(41,460)	(4.0)	(39,655)	(3.3)
計		1,043,628	100	1,202,997	100

(注) 原価計算の方法は，個別原価計算であります。

b 【開発事業等売上原価報告書】

区分	注記番号	前事業年度 (自 2021年4月1日 至 2022年3月31日)		当事業年度 (自 2022年4月1日 至 2023年3月31日)	
		金額(百万円)	構成比 (%)	金額(百万円)	構成比 (%)
土地代		13,029	36.6	596	4.0
宅地造成費		3,808	10.7	1,971	13.2
建築費		5,477	15.4	87	0.6
経費		7,023	19.8	5,618	37.7
付帯事業原価		6,219	17.5	6,630	44.5
計		35,558	100	14,903	100

(注) 原価計算の方法は，個別原価計算であります。

③ 【株主資本等変動計算書】

前事業年度（自　2021年4月1日　至　2022年3月31日）

(単位：百万円)

	株主資本							
	資本金	資本剰余金			利益剰余金			
		資本準備金	その他資本剰余金	資本剰余金合計	その他利益剰余金			利益剰余金合計
					固定資産圧縮積立金	別途積立金	繰越利益剰余金	
当期首残高	122,742	30,686	29,816	60,502	1,414	332,500	137,776	471,690
当期変動額								
別途積立金の積立						31,000	△31,000	－
別途積立金の取崩								
剰余金の配当							△26,598	△26,598
当期純利益							57,743	57,743
自己株式の取得								
自己株式の処分								
自己株式の消却			△105,018	△105,018				
利益剰余金から資本剰余金への振替			75,202	75,202			△75,202	△75,202
株主資本以外の項目の当期変動額（純額）								
当期変動額合計	－	－	△29,816	△29,816	－	31,000	△75,056	△44,056
当期末残高	122,742	30,686	－	30,686	1,414	363,500	62,719	427,634

	株主資本		評価・換算差額等			純資産合計
	自己株式	株主資本合計	その他有価証券評価差額金	繰延ヘッジ損益	評価・換算差額等合計	
当期首残高	△85,916	569,019	100,568	7	100,575	669,594
当期変動額						
別途積立金の積立		－				－
別途積立金の取崩						
剰余金の配当		△26,598				△26,598
当期純利益		57,743				57,743
自己株式の取得	△20,007	△20,007				△20,007
自己株式の処分	6	6				6
自己株式の消却	105,018	－				－
利益剰余金から資本剰余金への振替		－				－
株主資本以外の項目の当期変動額（純額）			△5,568	△7	△5,575	△5,575
当期変動額合計	85,017	11,144	△5,568	△7	△5,575	5,569
当期末残高	△898	580,163	95,000	－	95,000	675,164

当事業年度（自　2022年4月1日　至　2023年3月31日）

（単位：百万円）

	株主資本							
	資本金	資本剰余金			利益剰余金			
		資本準備金	その他資本剰余金	資本剰余金合計	その他利益剰余金			利益剰余金合計
					固定資産圧縮積立金	別途積立金	繰越利益剰余金	
当期首残高	122,742	30,686	29,816	60,502	1,414	332,500	137,776	471,690
当期変動額								
別途積立金の積立						31,000	△31,000	−
別途積立金の取崩								
剰余金の配当							△26,598	△26,598
当期純利益							57,743	57,743
自己株式の取得								
自己株式の処分								
自己株式の消却			△105,018	△105,018				
利益剰余金から資本剰余金への振替			75,202	75,202			△75,202	△75,202
株主資本以外の項目の当期変動額（純額）								
当期変動額合計	−	−	△29,816	△29,816		31,000	△75,056	△44,056
当期末残高	122,742	30,686	−	30,686	1,414	363,500	62,719	427,634

	株主資本		評価・換算差額等			純資産合計
	自己株式	株主資本合計	その他有価証券評価差額金	繰延ヘッジ損益	評価・換算差額等合計	
当期首残高	△85,916	569,019	100,568	7	100,575	669,594
当期変動額						
別途積立金の積立		−				
別途積立金の取崩						
剰余金の配当		△26,598				△26,598
当期純利益		57,743				57,743
自己株式の取得	△20,007	△20,007				△20,007
自己株式の処分	6	6				6
自己株式の消却	105,018	−				−
利益剰余金から資本剰余金への振替		−				−
株主資本以外の項目の当期変動額（純額）			△5,568	△7	△5,575	△5,575
当期変動額合計	85,017	11,144	△5,568	△7	△5,575	5,569
当期末残高	△898	580,163	95,000	−	95,000	675,164

【注記事項】
(重要な会計方針)

1 有価証券の評価基準及び評価方法 ……………………………………
(1) 満期保有目的の債券 …………………………………………………
定額法による償却原価法
(2) 子会社株式及び関連会社株式 ……………………………………
移動平均法による原価法
(3) その他有価証券 ………………………………………………………
市場価格のない株式等以外のもの
決算日の市場価格等に基づく時価法
(評価差額は全部純資産直入法により処理し，売却原価は移動平均法により
算定)
市場価格のない株式等
移動平均法による原価法

2 デリバティブの評価基準 ………………………………………………
時価法

3 棚卸資産の評価基準及び評価方法 …………………………………
(1) 販売用不動産 ……………………………………………………………
個別法による原価法
(貸借対照表価額は収益性の低下に基づく簿価切下げの方法により算定)
(2) 未成工事支出金 …………………………………………………………
個別法による原価法
(3) 開発事業等支出金 ………………………………………………………
個別法による原価法
(貸借対照表価額は収益性の低下に基づく簿価切下げの方法により算定)
(4) 材料貯蔵品 ………………………………………………………………
移動平均法による原価法

（貸借対照表価額は収益性の低下に基づく簿価切下げの方法により算定）

4　固定資産の減価償却の方法 ……………………………………………

（1）　建物及び構築物 ………………………………………………………

定額法

なお，耐用年数及び残存価額については，法人税法に規定する方法と同一の基準によっております。

（2）　その他の有形固定資産 ……………………………………………

定率法

なお，耐用年数及び残存価額については，法人税法に規定する方法と同一の基準によっております。

（3）　無形固定資産及び長期前払費用 ………………………………

定額法

なお，耐用年数については，法人税法に規定する方法と同一の基準によっております。

ただし，無形固定資産のうち自社利用のソフトウェアについては，社内における利用可能期間（原則として5年）に基づく定額法によっております。

（4）　所有権移転外ファイナンス・リース取引に係るリース資産 ………………

リース期間を耐用年数とし，残存価額を零とする定額法

5　繰延資産の処理方法 ………………………………………………………

社債発行費は，支出時に全額費用として処理しております。

6　引当金の計上基準 …………………………………………………………

（1）　貸倒引当金 …………………………………………………………

債権の貸倒による損失に備えるため，一般債権については貸倒実績率により，貸倒懸念債権等特定の債権については個別に回収可能性を勘案し，回収不能見込額を計上しております。

(2) 完成工事補償引当金

完成工事に係る契約不適合を理由とした履行の追完に要する費用等に備えるため，過去の一定期間における補償実績率による算定額を計上しております。

(3) 工事損失引当金

受注工事に係る将来の損失に備えるため，当事業年度末における手持工事のうち，損失の発生が見込まれ，かつ，その金額を合理的に見積もることができる工事について，損失見込額を計上しております。

(4) 退職給付引当金

従業員の退職給付に充てるため，当事業年度末における退職給付債務及び年金資産の見込額に基づき計上しております。

① 退職給付見込額の期間帰属方法

退職給付債務の算定にあたり，退職給付見込額を当事業年度末までの期間に帰属させる方法については，給付算定式基準によっております。

② 数理計算上の差異及び過去勤務費用の費用処理方法

過去勤務費用は，その発生時の従業員の平均残存勤務期間以内の一定の年数（10年）による定額法により費用処理しております。

数理計算上の差異は，各事業年度の発生時における従業員の平均残存勤務期間以内の一定の年数（10年）による定額法により，それぞれ発生の翌事業年度から費用処理することとしております。

(5) 役員株式給付引当金

役員株式給付規程に基づく将来の取締役への当社株式等の給付に備えるため，当事業年度末における株式給付債務の見込額を計上しております。

7 完成工事高の計上基準

当社の主要な事業における顧客との契約から生じる収益に関する主な履行義務の内容及び当該履行義務を充足する通常の時点（収益を認識する通常の時点）は，以下のとおりであります。

土木・建築事業においては，工事契約を締結しており，工事の進捗に応じて一定の期間にわたり履行義務が充足されると判断していることから，少額又は期間

がごく短い工事を除き，履行義務の充足に係る進捗度に基づき収益を認識しております。なお，履行義務の充足に係る進捗度の見積りは，当事業年度末までに実施した工事に関して発生した工事原価が工事原価総額に占める割合をもって工事進捗度とする原価比例法によっております。

また，契約の初期段階を除き，履行義務の充足に係る進捗度を合理的に見積もることができないものの，発生費用の回収が見込まれる場合は，原価回収基準により収益を認識しており，少額又は期間がごく短い工事については，工事完了時に収益を認識しております。

なお，取引の対価を受領する時期は契約条件ごとに異なるものの，当事業年度において取引価格に重要な金融要素を含む工事契約はありません。

8　ヘッジ会計の方法 ··

(1)　ヘッジ会計の方法 ···

繰延ヘッジ処理によっております。

ただし，特例処理の要件を満たす金利スワップについては，当該処理によっております。

(2)　ヘッジ手段とヘッジ対象 ·····································

・ヘッジ手段

　　デリバティブ取引（金利スワップ，金利オプション，為替予約及び有価証券先渡取引等）

・ヘッジ対象

　　相場変動等による損失の可能性がある資産又は負債のうち，相場変動等が評価に反映されていないもの及びキャッシュ・フローを固定することにより相場変動等による損失の可能性が回避されるもの。

(3)　ヘッジ方針 ···

金利変動リスクの減殺，金融費用・為替リスクの低減及び有価証券の価格変動リスクの減殺を目的とし，デリバティブ取引の執行と管理に関する権限・責任・実務内容等を定めた内規に基づいた運用を実施しております。

（4）　ヘッジ有効性評価の方法 ··

　ヘッジ手段とヘッジ対象の時価変動額比率によって有効性を評価し，6ヶ月ごとに有効性の検証を実施しております。

　なお，有効性の評価には，オプションの時間的価値等を含んだ包括的な時価を採用しております。

9　その他財務諸表作成のための基本となる重要な事項 ····················

（1）　退職給付に係る会計処理 ··

　退職給付に係る未認識数理計算上の差異及び未認識過去勤務費用の会計処理の方法は，連結財務諸表におけるこれらの会計処理の方法と異なっております。

（2）　関連する会計基準等の定めが明らかでない場合に採用した会計処理の原則

　及び手続 ···

　建設工事共同企業体（ジョイントベンチャー）に関する会計処理は，建設工事共同企業体を独立の会計単位として認識せず，当社の会計に組み込む処理を行っており，完成工事高及び完成工事原価は出資の割合に応じて計上しております。

（重要な会計上の見積り）

1　一定の期間にわたり認識される完成工事高

　　（1）損益計算書に計上した金額

	前事業年度 （自　2021年4月1日 　至　2022年3月31日）	当事業年度 （自　2022年4月1日 　至　2023年3月31日）
	1,023,351百万円	1,150,150百万円

　　（2）識別した項目に係る重要な会計上の見積りの内容に関する情報

　　　「第5　経理の状況　1　連結財務諸表等　（1）連結財務諸表　（重要な会計上の見積り）」に同一の内容を記載しているため，注記を省略しております。

（会計方針の変更）

1　「収益認識に関する会計基準」等の適用

　　「時価の算定に関する会計基準の適用指針」（企業会計基準適用指針第31号

2021年6月17日。以下「時価算定会計基準適用指針」という。）を当事業年度の期首から適用し，時価算定会計基準適用指針第27-2項に定める経過的な取扱いに従って，時価算定会計基準適用指針が定める新たな会計方針を将来にわたって適用することとしております。これにより，投資信託財産が不動産である投資信託について，市場における取引価格が存在せず，かつ，解約等に関して市場参加者からリスクの対価を求められるほどの重要な制限がないことから，基準価額を時価とする方法に変更しております。この結果，財務諸表に与える影響は軽微であります。

（表示方法の変更）
・損益計算書
1　為替差益に係る表示方法の変更
　　従来，区分掲記していた営業外収益の「為替差益」は，金額的重要性が乏しくなったため，当事業年度より「その他」に含めて表示しております。この表示方法の変更を反映させるため，前事業年度の財務諸表の組替えを行っております。
　　この結果，前事業年度の損益計算書において，営業外収益に表示していた「為替差益」397百万円は，「その他」として組み替えております。

2　社債発行費に係る表示方法の変更
　　従来，区分掲記していた営業外費用の「社債発行費」は，金額的重要性が乏しくなったため，当事業年度より「その他」に含めて表示しております。この表示方法の変更を反映させるため，前事業年度の財務諸表の組替えを行っております。
　　この結果，前事業年度の損益計算書において，営業外費用に表示していた「社債発行費」57百万円は，「その他」として組み替えております。

3　関係会社清算益及び関連事業損失戻入益に係る表示方法の変更
　　従来，区分掲記していた特別利益の「関係会社清算益」及び「関連事業損失

戻入益」は，金額的重要性が乏しくなったため，当事業年度より「その他」に含めて表示しております。この表示方法の変更を反映させるため，前事業年度の財務諸表の組替えを行っております。

この結果，前事業年度の損益計算書において，特別利益に表示していた「関係会社清算益」148百万円，「関連事業損失戻入益」113百万円は，「その他」として組み替えております。

4　固定資産売却損に係る表示方法の変更

従来，特別損失の「その他」に含めていた「固定資産売却損」は，特別損失の総額の100分の10を超えたため，当事業年度より区分掲記することとしております。この表示方法の変更を反映させるため，前事業年度の財務諸表の組替えを行っております。

この結果，前事業年度の損益計算書において，特別損失の「その他」に表示していた104百万円は，「固定資産売却損」0百万円，「その他」104百万円として組み替えております。

（追加情報）

・取締役に対する業績連動型株式報酬制度について

取締役に信託を通じて株式を交付する取引に関する注記については，「第5経理の状況　1　連結財務諸表等　(1)連結財務諸表　注記事項　（追加情報)」に同一の内容を記載しているため，注記を省略しております。

第2章

建設・不動産業界の "今" を知ろう

企業の募集情報は手に入れた。しかし，それだけでは
まだ不十分。企業単位ではなく，業界全体を俯瞰する
視点は，面接などでもよく問われる重要ポイントだ。
この章では直近1年間の建設・不動産業界を象徴する
重大ニュースをまとめるとともに，今後の展望につい
て言及している。また，章末には建設・不動産業界に
おける有名企業（一部抜粋）のリストも記載してあるの
で，今後の就職活動の参考にしてほしい。

▶▶夢のあるまちづくり・住まいづくり
建設・不動産 業界の動向

> 建設・不動産は「建物」に関する業界で,「建設」「戸建て」「マンション」「住宅設備・機器」「建材」「リフォーム」「不動産」「不動産管理」などに大別される。

❖ 建設業界の動向

　ゼネコン（総合建設会社）が請け負う工事は, 道路や橋, ダムなどインフラにかかわる「土木」と, ビルや住宅を造る「建築」に分類される。大林組・鹿島・清水建設・大成建設・竹中工務店の大手五社は, 単体での売上げが1兆円を超える規模から「スーパーゼネコン」と呼ばれる。

　災害復興や東京五輪, 大型再開発が追い風となり, 近年の建設業界は好調が続いていた。東京五輪や都市部の再開発, リニア新幹線, 大阪万博と大規模需要が見込まれていたが, コロナ禍によりこうした好調の動きは終わりを迎えた。

　コロナ禍がひと段落し, 首都圏の再開発案件や物流施設の新設など, 建設需要自体は高まっているが, 受注競争が熾烈になり, 加えて資材高も業界を圧迫。担い手不足や高齢化も業界全体が抱える課題となっている。

●働き方改革と生産性の向上が課題に

　建設業界にとって, 大きな課題は職人の高齢化および人手不足である。2022年度, 建設現場で働く技能労働者は約305万人（日本建設業連合会調べ）で, 近い将来には300万人を割り込む可能性が指摘されている。過酷な労働イメージから若者離れが進んだことが原因である。そこで日建連は, 2025年までに新規入職者90万人の確保と, 技術革新による35万人分の省人化を目標として掲げている。現場の働き方改革も必須で, 業界では, 社会保障を含む待遇の改善, 就業時間短縮, 週休2日制の定着といった動きが広がり始めた。

それと同時に，ロボットや人工知能（AI），情報通信技術（ICT）を活用した重機の導入，工事工程の効率化など，質的改善を含めた生産性向上への取り組みにも，業界をあげて力を注いでいる。2016年4月，国土交通省は土木工事にICT（情報通信技術）を活用する基準「アイ・コンストラクション（建設生産性革命）」の導入を表明し，重機メーカーもICT対応製品・サービスの開発を進めたため，環境も整備されてきている。たとえば，コマツは，掘削から整地までのブレード操作を自動化したブルドーザや掘削時に設定された設計面に達すると自動停止するショベルなどを商品化している。また，DOXEL社からは，ドローン，3Dレーザースキャナを搭載したロボットにより自動で工事現場の点群データを集積・解析。その結果をBIMデータと照らし合わせることで，現場の進捗状況を報告してくれる商品が出ている。

❖ 不動産業界の動向

ビル賃貸やマンション分譲，商業施設の開発・運営などを幅広く手掛けるディベロッパーには，三井不動産，三菱地所，住友不動産，東急不動産ホールディングスの大手4社，森ビル，野村不動産ホールディングス，東京建物などが名を連ねる。これらのディベロッパーは，超低金利を背景とした融資環境の後押しもあり，近年は旺盛な投資意欲を見せている。

国が容積率などを緩和する国家戦略特区（都市再生特別地区）を都心の主要な地域に指定しているため，指定地区では大規模なオフィスビル・複合ビルの建設が相次いでいる。2017年4月，三菱地所は総額1兆円を投じて，東京駅の北側で大規模開発をスタートさせた。この事業の中心は，高さ日本一となる超高層ビルで，2027年度の完成を目指している。また，同駅の八重洲地区では，三井不動産と東京建物が，それぞれ再開発を進めており，渋谷駅では東急不動産が参画した「渋谷ストリーム」が開業。2019年11月には渋谷エリアでは最も高い地上47階建ての「渋谷スクランブルスクエア」が開業した。森ビルは2014年に開業した「虎ノ門ヒルズ」の隣接地区に，3つの高層ビルを中心とした大規模プロジェクトを計画中で，これには地下鉄日比谷線の新駅も含まれる。

不動産業界において，新型コロナウイルスの影響は軽微だったと見られている。テレワークの普及によりオフィスの解約や縮小の動きが進んだ一方

で，不動産大手が持つ都心の大型ビルの需要は底堅かった。また，不動産の売買も活発であり，海外投資家を中心に物流施設や賃貸住宅が積極的に取得された。

●新しい働き方にどのように対応していくか

　ビル賃貸事業は，新型コロナウイルスの影響により好調な状況にストップがかかった。オフィスビル空室率は，5％を下回ると賃料に上昇傾向が見られるが，東京都心5区（千代田，中央，港，新宿，渋谷）の空室率は，2023年6月で6.48％となっている。空室率のピークは一時期に比べて緩やかになってきており、一時はテレワーク中心の体制にしたものの、オフィスが足りなくなり再び契約するという動きもある。

　変化の著しいオフィス需要だが，長期的にみれば，少子化による労働人口の減少も想定されるため，多くのディベロッパーは新しい事業にも着手している。eコマース（電子商取引）や省人化投資に伴って需要が高まった大型／大型マルチテナント型物流施設には，三菱地所，三井不動産，野村不動産などの大手や大和ハウスなどハウスメーカー系も積極的に参入している。また，海外展開も盛んで，三井不動産は2021年に，商業施設「ららぽーと」を上海に開業。次いで2022年にマレーシアと台湾でも開業した。台湾では2026年をめどに3施設目も開業予定だ。すでにマレーシアで開業しているアウトレットパークのインドネシア，フィリピン，タイへの展開も検討している。また，ニューヨークで開発中だったオフィスビルが完成。同地区のもう1棟を合わせた投資額は5500億円となっている。ニューヨークでは，東急不動産も複合ビルの再開発事業に参画。三菱地所はバブル期に買収した米ロックフェラーグループを通じて既存の大型オフィスビルを大規模改修し，賃料アップを狙っている。

❖ 戸建て業界の動向

　戸建て住宅には，客の注文に応じて建てる注文住宅や設計・施工後に販売する分譲住宅がある。大手10社でもシェアは3割程度と，地域密着の工務店もがんばっている。

　2022年度の新設住宅着工戸数は前年比0.6％減の86万828戸，そのうち戸建て数は7.5％減の39万7556戸であった。注文住宅は木材や鋼材などの

価格高騰により建築コストが上昇した影響を受けた形となる。テレワークの普及により，広さを求めて賃貸マンションから戸建て住宅に移る動きもひと段落し，オフィス回帰の動きが進んだことも一因と考えられる。

●ゼネコンとの連携，異業種からの参入も始まる

　ゼネコンの受注許容量が逼迫していることを受け，これまでゼネコンが手掛けていた案件を住宅メーカーが請けるチャンスも増えている。こういった流れのなか，ゼネコンとの資本提携やゼネコンを買収するメーカーも出ている。大和ハウスは準大手ゼネコンのフジタを100％子会社にし，マンションのコスモスイニシアへの出資も行っている。積水ハウスは，鴻池組の親会社鳳ホールディングスへ，旭化成ホームズは森組にそれぞれ出資している。住友林業と熊谷組は相互に出資を実施するなど，相互の関係を深めつつ，ゼネコンの守備範囲に食い込んでいる。

　また，近年は業界内の再編も進んでいる。トヨタホームは約110億円を投じて，ミサワホームを子会社化した。2017年10月には，パナソニックがパナホームを完全子会社化し，家電から住宅部材まで手がける幅広い商品力で，他社との差別化を図る。2018年には，ヤマダ電機がヤマダ・エスバイエルホームを完全子会社化するなど，住宅業界以外企業による買収も行われている。

❖ マンション業界の動向

　不動産経済研究所によれば，2022年における全国の新築マンション発売戸数は，前年比5.9％減の7万2967戸と前年を下回った。平均価格は5121万円で，こちらは6年連続で最高値を更新した。これは，地価と建築費の高騰が要因となっている。首都圏の平均価格は7700万円を突破。価格高騰にもかかわらず堅調な販売を見せている。都内では大型の再開発が進み，マンション用地の確保に高い費用がかかことから価格下落に転じる気配は薄いと見られる。また，工事現場の職人も不足しており，建設コストの上昇がそのまま値段に転嫁，反映される状況が続いている。そのため，購入希望者の一部は戸建て物件や中古物件に流れており，新築マンションの売れ行きが悪化している。そこで，マンション業界各社は，仲介事業や中古物件の販売など，ストックビジネスに力を注ぐ方針を示している。また，新

型コロナウイルスの影響により，リモートワークの普及に伴う住宅ニーズの変化も起きてきている。今後のトレンドの変化にいかに上手く迎合していくかが課題となっている。

●タワーマンションの増加で，インフラ整備に課題も

　近年は，共働きや高齢者の世帯が増え，住宅購入に際して，立地条件の利便性がとくに重視されるようになった。そのため，駅直結や徒歩5分以内で低層階に商業施設の入った，一体開発型のマンションは増加傾向にある。都内の有明や豊洲といった湾岸地区や千葉県の津田沼，相互乗り入れで多くの路線が使えるようになった武蔵小杉で，新たなタワーマンションの建設が進んでいる。

　しかし，高層階ほど安全性や耐久性に疑問が残ること，修繕費の高さと戸数の多さなどから大規模修繕が難しいことなど，課題も残っている。また，急速な人口の流入で，小学校が不足したり，通勤通学時に駅のホームが大混雑するなど，地域のインフラ整備の課題も浮き彫りになってきている。現に2019年10月に上陸した台風19号により，武蔵小杉のタワーマンションは大きな被害を受け，その模様は全国的なニュースとして報道された。

建設・不動産業界

直近の業界各社の関連ニュースを
ななめ読みしておこう。

万博の建設費、大阪府・市の負担は最大780億円に

2025年国際博覧会（大阪・関西万博）の会場建設費が従来計画から最大500億円上振れることになった。増額は20年以来2度目で、大阪府と大阪市の負担額は約780億円と当初計画から360億円ほど膨らむ見通し。追加の公費負担にはより丁寧な説明責任が求められる。

会場建設費は運営主体・日本国際博覧会協会（万博協会）が発注するメイン会場や大催事場などの整備に充てられる。資材高や人件費の高騰を背景に各工事の契約金額が当初予定を上回る事例が相次ぎ、全体の建設費は最大2350億円と500億円上振れることになった。

建設費は政府と大阪府・市、経済界が3分の1ずつ負担する仕組みで、この原則通りならば3者の負担は最大で167億円ずつ増える。協会は来週中にも政府や府・市、経済界に追加負担を要請するとみられる。

政府は月内に決める23年度補正予算案に万博関連経費を計上する方針。府・市や経済界も受け入れる場合は追加の財源確保が今後の課題となる。

会場建設費は誘致時点で1250億円だったが、会場デザインの変更などで20年に1850億円に増額した経緯がある。大阪府議会や大阪市議会はその後、さらなる増額が発生した場合、国が対応するよう求める意見書を可決した。

今年9月にも地域政党・大阪維新の会の府議団が吉村洋文知事に対し、増額分を国に負担してもらうよう要望しており、予算措置にはまず議会側の同意が壁となる。公費負担が膨らむため住民からの反発も予想されるが、大阪市幹部は「3分の1ずつの負担割合は守らないといけない」と強調する。

経済界は企業からの寄付で建設費を賄っており、今回の増額により追加の寄付が発生する可能性がある。だが建設費とは別に、在阪企業には万博の前売り入場券の購入も求められており、ある経済界関係者は「これ以上の負担にはつい

ていけない」とこぼす。

関西の経済界では、1970年大阪万博の収益金を基につくられた基金の一部を取り崩し、増額分に充てる案も浮上しているが、内部に反対論もあり実現するかは見通せない。

大阪・関西万博を巡っては、海外パビリオンの建設遅れも課題となっている。自前で施設を用意する「タイプＡ」から万博協会が用意する建物に複数の国が入る「タイプＣ」に移行する出展国が計２カ国となったことも判明した。これまで欧州のスロベニアが移行することが明らかになっていた。

協会はタイプＡの出展国に対し、日本側がゼネコンとの交渉や発注を担う「タイプＸ」を提案し、９カ国が関心を寄せているという。海外パビリオンは「万博の華」ともいわれ、協会は引き続き参加国に準備の加速を求める。

（2023年10月7日　日本経済新聞）

建設業の賃金、低すぎなら行政指導　24年問題で国交省

国土交通省は建設業の賃金のもとになる労務費の目安を設ける。とび職や鉄筋工などを念頭に職種ごとに標準的な水準を示す。ゼネコンなどが下請け企業に著しく低い単価を設定している場合に国が勧告など行政指導する仕組みも検討する。

建設業の賃上げを促し、人手不足の解消につなげる。建設業界では時間外労働に上限規制を適用する「2024年問題」への対応も課題となっている。

今秋にも国交省の中央建設業審議会で対策の方向性をまとめる。24年の通常国会での建設業法の改正をめざす。審議会のもとに作業部会を立ち上げ、基準の詳細をつめる。

建築現場で働く技能者の業務の種類ごとに「標準労務費」を提示する。現在、国や地方自治体が発注する公共工事は労働市場の実勢価格などを反映した労務単価を職種別、都道府県別に公表している。毎年実施する全国調査に基づいて水準を決める。

こうした仕組みを念頭に、工事の受注業者と下請け業者間など民間の受発注の基準についても定める方向だ。

基準を著しく下回る労務費の設定は禁じる。違反した場合は違反勧告の対象とする。建設業者が極端に短い工期とすることを防ぐための方策も盛り込む見通しだ。

デベロッパーといった建設の発注元となる企業は専門性の高い現場業務を工事会社などに発注することが多い。業務を請け負う技能者は日雇いが中心で、賃金水

準が低いといった課題が指摘される。

国が職種ごとに労務費の相場観を示すことで、建設業者側が技能者の労務費を削って赤字でも受注するような事態を回避する狙いもある。

建設業界では人手不足や高齢化が深刻となっている。22年時点の建設業の就業者数は479万人で、ピーク時の1997年から30%減った。時間外労働の規制を強化する「2024年問題」が人手不足に追い打ちをかける恐れもある。適正な水準に賃金を底上げし、人材を確保しやすいようにする。

（2023年8月20日　日本経済新聞）

ゼネコン8割でベア、人材確保急ぐ　残業規制が背中押す

労働力不足が慢性化している建設業界で、約8割のゼネコンが毎月の基本給を一律に引き上げるベースアップ（ベア）を2023年春の労使交渉で決めたことがわかった。大手5社も6年ぶりにベア実施で足並みをそろえた。24年から建設業界で時間外労働の上限規制が適用されることから、各社は待遇改善による人材確保を急いでいる。国が政府入札での賃上げ実施企業を22年から優遇していることも背景にある。

ゼネコン35社の労働組合が加盟する日本建設産業職員労働組合協議会（日建協）がまとめた23年春季労使交渉の中間報告で明らかになった。回答した31社のうち83%の26社がベアを決めた。

ベアの加重平均は6843円（1.58%）と前年度の3923円から大幅に引き上げた。日建協非加盟の大手4社（鹿島、大林組、大成建設、竹中工務店）でもベアを実施した。清水建設を加えた大手5社が一斉にベアを実施したのは6年ぶりだった。

31社中、26社が定期昇給とベア、4社が定昇のみ、1社が回答が未集計という。30社の引き上げ額は加重平均で2万371円（4.8%）と、前年度の1万3842円から7000円近く引き上げた。

建設業では鉄骨などの主要建材の価格が21年から22年にかけて高騰しており、ゼネコン各社の利益を圧迫する。上場する大手・準大手13社の23年3月期の連結売上高の合計は前の期比で11%増だった一方で、純利益では微減だった。手持ち工事の採算も悪化しており、赤字が見込まれる工事で計上する工事損失引当金は、13社の23年3月末時点の残高合計は22年3月比で43%増の2511億円と10年で最大だった。

業績が不透明感を増しているにもかかわらず、各社が大幅な賃上げに踏み切ったのには理由がある。ひとつは現場労働力の確保だ。24年度から働き方改革関連法に基づく時間外労働の上限規制の適用猶予が撤廃される。現在の労働力だけでは工期の遅れを招きかねない。新たな人材の確保が急がれる。

加えて建設業の構造的な人材不足もある。国土交通省によると22年度の建設業従事者（平均）は479万人と、1997年度の685万人から3割以上落ち込んだ。

一方で建設需要は旺盛だ。半導体などの設備投資や都心再開発、国土強靱（きょうじん）化に伴う大型土木工事などの施工量は潤沢だ。日本建設業連合会（東京・中央）によると、22年度の国内建設受注額は21年度比8.4％増の16兆2609億円と、過去20年で最高となった。現場の繁忙度合いが高まるなか、人材確保やつなぎ留めに向けた待遇改善は不可欠だ。

もうひとつの要因が国の賃上げ実施企業への公共工事における優遇策だ。22年4月から、公共工事に適用される総合評価入札で大企業で3％以上、中小企業で1.5％以上の賃上げを表明した業者を5〜10％程度加点する措置が敷かれている。土木が中心となる公共工事の受注に大きな影響があることから、23年度も各社で引き続き3％以上の賃上げ水準を維持している。

22年度は日建協に労組が加盟するゼネコン33社のほか、鹿島など日建協非加盟の大手ゼネコン4社でも3％以上の賃上げを実施している。

初任給についても、日建協調査では71％の22社で引き上げられ、このうち19社では会社提示によるものだった。日建協は標準ラインとして24万円台を提示するが、23年度は25万円台が最も多く14社に上ったほか、26万円台も3社あった。日建協非加盟の大手4社でも初任給を引き上げており、日建協は「各社の人材獲得の動きが如実に表れた」と分析する。またピーエス三菱は4月に、正規従業員や契約社員1219人に月給の1カ月半相当となるインフレ特別支援金を支給している。

日建協は「昨年度に引き続き、企業業績よりも政策や社会情勢によって賃上げの大きな流れが作られた」とみる。24年の春季労使交渉に向けては、日建協で策定している個別賃金を改定し、物価上昇などを反映するという。

（2023年8月2日　日本経済新聞）

日建連、原則週休２日で工期見積もり　24年問題対応で

日本建設業連合会（日建連、東京・中央）は21日、加盟するゼネコンが民間建築工事の発注者に見積もりを提出する際に、現場を週2日閉じる「4週8閉所」を原則にするよう求めた。2024年4月から時間外労働の上限規制が適用される「2024年問題」に備える。建設業界で人手不足が深刻化する中、工期がこれまでより延びる可能性もある。

発注者に最初に提出する見積もりの段階で、4週8閉所と週40時間稼働を前提とした工期設定を原則とする。発注者から完成時期を指定されて対応が難しい場合は、作業員の増員などが必要になるとして価格引き上げへの理解を求める。

公正取引委員会から独占禁止法に抵触する恐れがない旨を確認して、21日開催された理事会で決議された。同日以降の受注で会員企業の対応を求める。

働き方改革関連法に基づき、建設業の時間外労働は24年4月から原則で年360時間、労使合意があっても720時間の上限が課され、違反企業には罰則も科される。21日に日建連が発表した調査では、回答があった会員81社の非管理職のうち、時間外労働が360時間を超えた者が22年度は約6割にのぼった。

日建連は労働時間削減に向け、4週8閉所を24年度までに全現場で達成する目標を掲げる。ただ、同日発表した調査では、回答があった会員企業99社での実施率は22年度通期で42.1％どまりだった。

蓮輪賢治副会長（大林組社長）は「特に民間建築で4週8閉所が定着しておらず、人材確保の観点として危機感を抱いた」として、業界で足並みをそろえる考えを示した。日建連は鹿島や清水建設など大手から中堅までゼネコン141社が加盟する。

（2023年7月21日　日本経済新聞）

不動産ID、年内にデータベース　住宅取引や物流で活用

政府は土地や建物など不動産ごとに識別番号を割り振る「不動産ID」のデータベースを年内に整備する。まず440市区町村で運用を始める。官民が収集した物件情報や災害リスクを一元的に把握できるようにし、まちづくりや不動産

取引、物流などを効率化する。

不動産IDは2022年に導入した。17ケタの番号によって戸建てやマンション、商業ビルを部屋単位で識別できる。物件ごとに原則1つのIDを配分する。

国土交通省は登記情報を持つ法務省やデジタル庁と連携して「不動産ID確認システム（仮称）」を整え、夏ごろに運用を始める。

23年度中に任意で選んだ全国440市区町村をシステムに接続。各地方自治体が開発規制やハザードマップといった公的データをひもづけできる仕組みを検討する。

利用者はシステムに住所や地番を入力して不動産IDを取得する。このIDを使って各自治体が関連づけたデータを使う。

不動産業者が物件を査定する際、現状は建物の建築規制や電気・ガスの設備状況などを複数の窓口で確認する必要がある。これらデータを一度に入手できれば、業務の効率化や中古物件の取引などが迅速になる。

物流サービスへの活用も期待される。ドローンで大量の荷物を複数地点に配送する場合、IDをもとにした地図情報で効率が良いルートを選べるようになる。自動運転車での配送にも生かせる見通しだ。

自治体の住宅政策でも利用できる。世帯ごとの水道利用の有無などを把握し、空き家かどうかを素早く判断できる。放置空き家の管理を強化し、民間事業者の中古取引を仲介することが可能になる。

千代田区や港区といった東京都の17区のほか、札幌市、さいたま市、京都市、高松市などが当初に入る見込み。早期に1700ほどの全市区町村に広げる。

国交省は30日に業界横断の官民協議会を設置する。不動産や物流、損害保険業界などが参加する見通し。

政府は23年夏にも公的機関による社会の基本データ「ベース・レジストリ」にIDを指定する方針だ。不動産分野でマイナンバー並みの位置づけになる。

不動産IDの普及のカギを握るのが民間事業者が持つデータとの連携だ。不動産業界にはすでに物件情報を集めた「レインズ」と呼ぶシステムがある。政府は24年1月から任意でレインズにID情報を接続できるようにする。

（2023年5月30日　日本経済新聞）

ハウスコム、潜在ニーズ分析し理想物件を提案

不動産賃貸仲介のハウスコムは人工知能（AI）を活用した新たな部屋探しの提

案サービスを始めた。複数の質問の回答から顧客の嗜好を分析し、潜在的なニーズも推測した上で好みに合致しそうな候補物件を提案する。新型コロナウイルスの発生後、若い世代を中心にネットを使った検索が一段と増えており、部屋探して新しい体験価値を提供して店舗を訪れるきっかけにもする。

サービス名は「Serendipity Living Search」。ハウスコムが蓄積した顧客情報や購買データを生かし、不動産の売買価格をAIで素早く査定するシステムを手掛けるSREホールディングスの技術と組み合わせた。ハウスコムによると、こうしたサービスは不動産業界で初めてという。

特徴はサービスの利用者と属性の近い集団の嗜好パターンをAIが分析し、様々な物件の中から好みとされる候補を提案する点だ。

利用者は専用サイトで年齢や年収のほか、自宅や勤務先の最寄り駅などの質問に回答する。AIが回答に基づき、特徴の異なる物件を10件ほど表示する。最初に表示された物件の中から自分の好みに合う物件を1つ以上選んでお気に入りに登録すると、AIが利用者の好みにより近いと思われる物件を探し、再び一覧で表示する。

従来は入居検討者が希望する条件や要望を指定し、条件を基に候補を検索することが多かった。好みの物件に出合うことがある半面、検討者によっては理想の物件を見つけるまでに条件の細かな変更を余儀なくされる。新サービスは利用者の潜在的なニーズに合致する可能性のある候補まで幅広く提案し、「予想外の発見」を提供していく。

新サービスの利用料は無料。当初は東京を中心とした首都圏を対象に対応し、主に1980〜90年代生まれのミレニアル世代の利用を見込む。サービス・イノベーション室の西山玲児係長は「デジタルトランスフォーメーション（DX）により部屋探しの方法が変化するなか、新サービスは顧客との接点になる」と説明する。

ハウスコムは部屋探しにおける新たな体験を提供することで自社の認知度を高め、ファンを増やす狙いだ。新サービスの利用を通じ、現在全国で約200ある店舗に足を運ぶきっかけ作りと期待する。サービスの精度を向上しつつ、実施するエリアの拡大を検討していくという。

不動産業界はDX化が金融業などと比べ遅れていたが、新型コロナの影響で変わり始めた。分譲マンション販売ではモデルルームに出向くことなくオンラインで内見でき、契約業務や書類の電子化が進む。野村不動産は2022年秋、メタバース（仮想空間）で住宅購入の相談ができるサービスを始めた。顧客の利便性を高めて体験価値を提供する知恵比べが強まっていきそうだ。

（2023年3月15日　日本経済新聞）

公共工事の労務単価5.2%引き上げ　11年連続で最高

国土交通省は14日、国や地方自治体が公共工事費の見積もりに使う労務単価を3月から全国全職種平均で前年3月比で5.2%引き上げると発表した。現行の算定方式による引き上げは11年連続で過去最高を更新した。建設・土木業界での人手不足が続いていることを受け、賃上げの動きが広がっていることを反映した。

労務単価は毎年、土木や建設などの51職種の賃金を調べて改定している。全国全職種平均の上昇幅が5%を超えたのは14年（7.1%）以来9年ぶり。労働者が受け取るべき賃金をもとに1日あたり8時間労働で換算した場合、3月からの新たな単価は2万2227円となる。

とび工や鉄筋工など主要12職種では平均で5%の引き上げとなる。斉藤鉄夫国交相は14日の閣議後の記者会見で、「技能労働者の賃金水準の上昇につながる好循環が持続できるよう、官民一体となった取り組みの一層の推進に努める」と述べた。

（2023年2月14日　日本経済新聞）

現職者・退職者が語る 建設・不動産業界の口コミ

※編集部に寄せられた情報を基に作成

▶ 労働環境

職種：営業　　年齢・性別：20代後半・男性

- 21時にパソコンが強制終了するので，その後は帰りやすいです。
- ダラダラやる人はパソコンが切れた後も何かしら雑務をしています。
- アポイントがあれば休日出勤もありますが，あまりありません。
- 上司によっては休日に働くことが美学の人もいて部下が困ることも。

職種：機械関連職　　年齢・性別：30代後半・男性

- OJT研修の期間も長く，社員育成に十分力を入れていると思います。
- 上司との面談も多く，失敗しても次頑張ろう，という雰囲気です。
  社員のモチベーションアップが会社のテーマとなっています。
- 個人個人の意欲を高めるためにチーム編成で課題に取り組むことも。

職種：個人営業　　年齢・性別：20代後半・男性

- 研修制度が整っていて，新入社員研修もしっかりとしています。
- スキルアップのために定期的にセミナーや勉強会にも参加できます。
- 無料で宅建の講座を受けることができます。
- キャリア面談が定期的にあり，自分の考えを上司に伝えやすいです。

職種：個人営業　　年齢・性別：20代後半・男性

- 結果を残せばそれに見合った報酬を受け取ることができます。
- 昇進・昇給は主には成果と勤務年数に応じてされているようです。
- 現場でのコミュニケーションはとても大事だと思います。
- 人間関係を丁寧に業務に取り組めば，正当に評価されると思います。

建設・不動産業界の“今”を知ろう　131

▶福利厚生

職種：電気/電子関連職　　年齢・性別：20代後半・男性

・大手ビル管理会社の中でも福利厚生はかなり良いと感じます。
・宿泊施設が安く利用できたり，系列施設の利用特典もあります。
・部活動なんかもありますが，部署によって環境は変わるようです。研修もしっかりしていて，電気資格やビル管の講習などもあります。

職種：個人営業　　年齢・性別：20代後半・男性

・大手なだけあって福利厚生はしっかりしています。
・キャリアアップ，資格取得に対してのバックアップも抜群です。
・グループのホテルやジム等を安く使えるので，とても便利です。
・住宅購入の際は，多少割引きがあります。

職種：法人営業　　年齢・性別：20代後半・男性

・福利厚生に関してはとても恵まれていると感じました。
・家賃補助は特に手厚く，新卒で東京に赴任した時は助かりました。
・有給も比較的取りやすく感じましたが，上司や部署によるようです。
・有給の取得基準がバラバラなので統一すればいいのにと思います。

職種：不動産管理・プロパティマネジャー　　年齢・性別：20代後半・男性

・福利厚生の中でも特に住宅補助は充実していると思います。
・35歳までは賃貸だと独身で3万円，既婚で6万円の住宅補助が出ます。
・持ち家であれば年齢制限はなく3万円が一律で支給されます。
・電車通勤出来る場所に実家があっても，住宅補助は出ます。

▶仕事のやりがい

職種：法人営業　　年齢・性別：20代後半・男性

- 地権者交渉はとてもやりがいを感じます。
- 複数の地権者を集めて大きな用地とする交渉はとても面白いです。
- 地権者一人一人の背景から，今後期待される事を読み取ります。
- 地権者側の希望とこちらの希望がマッチした時は達成感があります。

職種：個人営業　　年齢・性別：20代後半・男性

- 給料や福利厚生も申し分なく，働く環境は整っています。
- 百億単位の仕事を手がけられるので，やりがいは十分だと思います。
- 社員の意識も高いので切磋琢磨し自己の能力を向上していけます。
- 内需型から，今後は海外へシフトできるかが課題だと思います。

職種：個人営業　　年齢・性別：30代後半・男性

- お客様から契約が取れた時に，やりがいを感じます。
- 営業活動のやり方は自分次第なので，いろいろ方法を考えます。
- 自分なりのアプローチの仕方で契約を取れた時は本当に面白いです。
- ノルマもあるので大変ではありますが，その分達成感も大きいです。

職種：個人営業　　年齢・性別：20代後半・男性

- 営業で結果を出せば多くの手当がもらえるのでやりがいがあります。
- 契約が増えていくと，オーナー様からの紹介も増えてきます。
- 経験が増えるほど確実に仕事がしやすくなっていきます。
- 何よりお客様が満足し，感謝されることに大きな喜びを感じます。

▶ブラック？ホワイト？

職種：代理店営業　　年齢・性別：20代後半・男性

・以前は残業はみなしでしたが，現在では残業代が支給されます。
・残業の申請には周りの空気を読む必要があります。
・残業代が出ている今の方が以前よりも手取りベースでは減額です。
・お客様都合のため，休日出勤もアポイントがあれば出社となります。

職種：個人営業　　年齢・性別：30代後半・男性

・とにかく数字が人格，数字さえあれば何をしても許される社風です。
・早く帰れていいのですが，最近は21時で強制的に電気が消えます。
・数字がないと会社に居づらい感じになり，辞める人は多いです。
・残っている人は家庭を顧みず働くので，離婚率も高いような気が。

職種：建設設計　　年齢・性別：20代後半・男性

・みなし残業がつきますが，実際はその3倍以上は残業をしています。
　私の在籍している支店では21時半前に帰る人はほとんどいません。
・優秀と言われる人は，休日もプランなどを練っている人が多いです。
　ほとんどプライベートは無いと思った方が無難かと。

職種：個人営業　　年齢・性別：20代後半・男性

・営業担当の苦労を理解できていない部署，担当者が多くて辛いです。
・会社の看板があるから営業は楽なはずと本気で思っている節が。
・ものづくりの会社だから技術者が大切なのは理解できますが，間接
　部門の年収より，営業部門の年収が低いのはやりきれません。

▶女性の働きやすさ

職種：電気／電子関連職　年齢・性別：20代後半・男性

・女性の数はまだまだ少数であるため働きやすいとは言い難いです。
・男性主体の会社ですが，女性の活躍の場も年々増えてきてはいます。
・会社の決まりでセクハラ等にはかなり敏感になっています。
・管理職志望の女性は，この会社はあまり向いていないと思います。

職種：施工管理　年齢・性別：20代前半・女性

・産休育休は上司の理解がないと厳しいですが，制度はあります。
・建設業界全体の状況としてあまり受け入れられない印象があります。
・住宅業界は男性のみならず，女性の視点も重要なのですが。
・今後はもっと上辺だけではない制度の改善が必要となるでしょう。

職種：コンサルティング営業　年齢・性別：30代前半・男性

・現在，管理職に就いている女性の数は僅かです。
・最近は会社として積極的に女性の登用に力を入れています。
・男性が多い職場なので実績が残せれば，昇進しやすい環境かも。
・男社会なので細やかな指導を求めるのは難しいかもしれませんが。

職種：個人営業　年齢・性別：30代後半・女性

・育児休暇制度もあり，出産後も3年間は時間短縮が適用されます。
・労働環境を向上させるため，男女同じように仕事を任されます。
・女性も営業成績によって，男性と同様のポジションが与えられます。
・女性の支店長も在籍しており，女性が差別されることはありません。

▶ 今後の展望

職種：個人営業　　年齢・性別：20代後半・男性

・東日本大震災以降は休みがあまり取れず毎日忙しい状況です。
・多くの人に信頼されているからこその仕事量だと思っています。
・将来に関してはまだまだ生き残れる業界だと言えるでしょう。
・他社よりも特化したものを提供できれば成長可能な会社です。

職種：販促企画・営業企画　　年齢・性別：20代後半・男性

・今後は介護分野，太陽光発電，海外展開が加速すると思います。
・条件の良い立地，土地オーナーとのめぐり合せが今後のカギに。
・ライバルの某社とは，少し毛色が違うため棲み分けは可能かと。
・既存事業も，まだまだ開拓の余地はあるかと。

職種：個人営業　　年齢・性別：30代後半・男性

・リフォームについていえば，まだ相場より高めでも受注は可能です。
・ただ，大手以外のリフォーム会社との競合も増えてきています。
・大型物件についても，中小企業が実力をつけてきているのも事実。
・今後戸建て住宅レベルでは，顧客の取り込みが難しくなるかと。

職種：個人営業　　年齢・性別：20代後半・男性

・戸建ての長寿命化で，建て替えのサイクルは確実に長くなります。
・建て替えからリフォーム需要の取り込みへシフトしています。
・他社より一歩出遅れてしまうスピード感のなさの改善が急務です。
・今後ニーズが多様化していく中どう対応していけるかだと思います。

●建設業界

会社名	本社住所
ショーボンドホールディングス	東京都中央区日本橋箱崎町 7 番 8 号
ミライト・ホールディングス	東京都江東区豊洲 5-6-36
タマホーム	東京都港区高輪 3 丁目 22 番 9 号 タマホーム本社ビル
ダイセキ環境ソリューション	愛知県名古屋市港区船見町 1 番地 86
安藤・間	東京都港区赤坂六丁目 1 番 20 号
東急建設	東京都渋谷区渋谷 1-16-14　渋谷地下鉄ビル
コムシスホールディングス	東京都品川区東五反田 2-17-1
ミサワホーム	東京都新宿区西新宿二丁目 4 番 1 号 新宿 NS ビル
高松コンストラクショングループ	大阪市淀川区新北野 1-2-3
東建コーポレーション	名古屋市中区丸の内 2 丁目 1 番 33 号　東建本社丸の内ビル
ヤマウラ	長野県駒ヶ根市北町 22 番 1 号
大成建設	東京都新宿区西新宿一丁目 25 番 1 号　新宿センタービル
大林組	東京都港区港南 2 丁目 15 番 2 号
清水建設	東京都中央区京橋二丁目 16 番 1 号
飛島建設	神奈川県川崎市高津区坂戸 3－2－1 かながわサイエンスパーク (KSP)
長谷工コーポレーション	東京都港区芝二丁目 32 番 1 号
松井建設	東京都中央区新川 1-17-22
銭高組	大阪市西区西本町 2 丁目 2 番 11 号 なにわ筋ツインズウエスト
鹿島建設	東京都港区元赤坂 1-3-1
不動テトラ	東京都中央区日本橋小網町 7 番 2 号（ぺんてるビル）

会社名	本社住所
大末建設	大阪市中央区久太郎町二丁目5番28号
鉄建建設	東京都千代田区三崎町2丁目5番3号
日鉄住金テックスエンジ	東京都千代田区丸の内二丁目5番2号　三菱ビル
西松建設	東京都港区虎ノ門一丁目20番10号
三井住友建設	東京都中央区佃二丁目1番6号
大豊建設	東京都中央区新川一丁目24番4号
前田建設工業	東京都千代田区猿楽町二丁目8番8号 猿楽町ビル
佐田建設	群馬県前橋市元総社町1-1-7
ナカノフドー建設	東京都千代田区九段北四丁目2番28号
奥村組	大阪市阿倍野区松崎町二丁目2番2号
大和小田急建設	東京都新宿区西新宿4-32-22
東鉄工業	東京都新宿区信濃町34 JR信濃町ビル4階
イチケン	東京都台東区北上野2丁目23番5号（住友不動産上野ビル2号館）
淺沼組	大阪市天王寺区東高津町12番6号
戸田建設	東京都中央区京橋一丁目7番1号
熊谷組	東京都新宿区津久戸町2番1号
青木あすなろ建設	東京都港区芝4丁目8番2号
北野建設	長野県長野市県町524
植木組	新潟県柏崎市新橋2-8
三井ホーム	東京都新宿区西新宿二丁目1番1号　新宿三井ビル53階
矢作建設工業	名古屋市東区葵三丁目19番7号
ピーエス三菱	東京都中央区晴海二丁目5番24号　晴海センタービル3階

会社名	本社住所
大東建託	東京都港区港南二丁目 16 番 1 号　品川イーストワンタワー 21 ～ 24 階・(総合受付 24 階)
新日本建設	千葉県千葉市美浜区ひび野一丁目 4 番 3 新日本ビル
NIPPO	東京都中央区京橋 1 − 19 − 11
東亜道路工業	東京都港区六本木七丁目 3 番 7 号
前田道路	東京都品川区大崎 1 丁目 11 番 3 号
日本道路	東京都港区新橋 1-6-5
東亜建設工業	東京都新宿区西新宿 3-7-1　新宿パークタワー 31 階
若築建設	東京都目黒区下目黒二丁目 23 番 18 号
東洋建設	東京都江東区青海二丁目 4 番 24 号　青海フロンティアビル 12，13 階
五洋建設	東京都文京区後楽 2-2-8
大林道路	東京都墨田区堤通 1-19-9 リバーサイド隅田セントラルタワー 5F
世紀東急工業	東京都港区芝公園 2 丁目 9 番 3 号
福田組	新潟県新潟市中央区一番堀通町 3-10
住友林業	東京都千代田区大手町一丁目 3 番 2 号(経団連会館)
日本基礎技術	大阪市北区松ヶ枝町 6 番 22 号
日成ビルド工業	石川県金沢市金石北 3-16-10
ヤマダ・エスバイエルホーム	大阪市北区天満橋一丁目 8 番 30 号　OAP タワー 5 階
巴コーポレーション	東京都中央区勝どき 4-5-17 かちどき泉ビル
パナホーム	大阪府豊中市新千里西町 1 丁目 1 番 4 号
大和ハウス工業	大阪市北区梅田 3 丁目 3 番 5 号
ライト工業	東京都千代田区五番町 6 番地 2
積水ハウス	大阪市北区大淀中一丁目 1 番 88 号 梅田スカイビルタワーイースト

会社名	本社住所
日特建設	東京都中央区銀座 8 丁目 14 番 14 号
北陸電気工事	富山県富山市小中 269 番
ユアテック	仙台市宮城野区榴岡 4 丁目 1 番 1 号
西部電気工業	福岡市博多区博多駅東 3 丁目 7 番 1 号
四電工	高松市松島町 1 丁目 11 番 22 号
中電工	広島市中区小網町 6 番 12 号
関電工	東京都港区芝浦 4-8-33
きんでん	大阪市北区本庄東 2 丁目 3 番 41 号
東京エネシス	東京都中央区日本橋茅場町一丁目 3 番 1 号
トーエネック	愛知県名古屋市中区栄一丁目 20 番 31 号
住友電設	大阪市西区阿波座 2-1-4
日本電設工業	東京都台東区池之端一丁目 2 番 23 号 NDK 第二池之端ビル
協和エクシオ	東京都渋谷区渋谷 3 丁目 29 番 20 号
新日本空調	東京都中央区日本橋浜町 2-31-1　浜町センタービル
NDS	愛知県名古屋市中区千代田 2-15-18
九電工	福岡市南区那の川一丁目 23 番 35 号
三機工業	東京都中央区明石町 8 番 1 号
日揮	横浜市西区みなとみらい 2-3-1
中外炉工業	大阪市中央区平野町 3 丁目 6 番 1 号
ヤマト	東京都中央区銀座 2-16-10
太平電業	東京都千代田区神田神保町 2-4
高砂熱学工業	東京都千代田区神田駿河台 4 丁目 2 番地 5

会社名	本社住所
三晃金属工業	東京都港区芝浦四丁目 13 番 23 号
朝日工業社	東京都港区浜松町一丁目 25 番 7 号
明星工業	大阪市西区京町堀 1 丁目 8 番 5 号（明星ビル）
大氣社	東京都新宿区西新宿 8-17-1　住友不動産新宿グランドタワー
ダイダン	大阪市西区江戸堀 1 丁目 9 番 25 号
日比谷総合設備	東京都港区芝浦 4-2-8　住友不動産三田ツインビル東館
東芝プラントシステム	神奈川県横浜市鶴見区鶴見中央 4-36-5　鶴見東芝ビル
東洋エンジニアリング	東京都千代田区丸の内 1 丁目 5 番 1 号
千代田化工建設	神奈川県横浜市西区みなとみらい四丁目 6 番 2 号 みなとみらいグランドセントラルタワー
新興プランテック	横浜市磯子区新磯子町 27-5

●不動産業界

会社名	本社住所
日本駐車場開発	大阪府大阪市北区小松原町 2 番 4 号 大阪富国生命ビル
ヒューリック	東京都中央区日本橋大伝馬町 7 番 3 号
東京建物不動産販売	東京都新宿区西新宿 1 丁目 25 番 1 号（新宿センタービル）
三栄建築設計	東京都杉並区西荻北 2-1-11 三栄本社ビル
野村不動産ホールディングス	東京都新宿区西新宿 1 丁目 26 番 2 号
プレサンスコーポレーション	大阪市中央区城見 1 丁目 2 番 27 号 クリスタルタワー 27 階
常和ホールディングス	東京都中央区日本橋本町一丁目 7 番 2 号　常和江戸橋ビル 5 階
フージャースホールディングス	東京都千代田区神田美土代町 9-1 MD 神田ビル
オープンハウス	千代田区丸の内 2-4-1　丸の内ビルディング 12F
東急不動産ホールディングス	東京都渋谷区道玄坂 1-21-2　新南平台東急ビル
エコナックホールディングス	東京都港区南青山 7-8-4　高樹ハイツ
パーク 24	東京都千代田区有楽町 2-7-1
パラカ	東京都港区麻布台 1-11-9　CR 神谷町ビル 9F
三井不動産	東京都中央区日本橋室町 2 丁目 1 番 1 号
三菱地所	東京都港区赤坂 2-14-27 国際新赤坂ビル東館
平和不動産	東京都中央区日本橋兜町 1 番 10 号
東京建物	東京都中央区八重洲一丁目 9 番 9 号 東京建物本社ビル
ダイビル	大阪市北区中之島 3-6-32　ダイビル本館
京阪神ビルディング	大阪市中央区瓦町四丁目 2 番 14 号
住友不動産	東京都新宿区西新宿二丁目 4 番 1 号　新宿 NS ビル
大京	東京都渋谷区千駄ヶ谷 4-24-13　千駄ヶ谷第 21 大京ビル
テーオーシー	東京都品川区西五反田 7 丁目 22 番 17 号

会社名	本社住所
東京楽天地	東京都墨田区江東橋 4 丁目 27 番 14 号
レオパレス 21	東京都中野区本町 2 丁目 54 番 11 号
フジ住宅	大阪府岸和田市土生町 1 丁目 4 番 23 号
空港施設	東京都大田区羽田空港 1-6-5 第五綜合ビル
明和地所	千葉県浦安市入船 4-1-1　新浦安中央ビル 1F
住友不動産販売	東京都新宿区西新宿二丁目 4 番 1 号
ゴールドクレスト	東京都千代田区大手町 2-1-1
日本エスリード	大阪市福島区福島六丁目 25 番 19 号
日神不動産	東京都新宿区新宿五丁目 8 番 1 号
タカラレーベン	東京都新宿区西新宿 2-6-1 新宿住友ビル 26 階
サンヨーハウジング名古屋	愛知県名古屋市瑞穂区妙音通三丁目 31 番地の 1 サンヨー本社ビル
イオンモール	千葉県千葉市美浜区中瀬一丁目 5 番
ファースト住建	兵庫県尼崎市東難波町 5-6-9
ランド	神奈川県横浜市西区北幸一丁目 11 番 5 号　相鉄 KS ビル 6F
トーセイ	東京都港区虎ノ門四丁目 2 番 3 号
穴吹興産	香川県高松市鍛冶屋町 7-12
エヌ・ティ・ティ都市開発	東京都千代田区外神田 4-14-1 秋葉原 UDX
サンフロンティア不動産	東京都千代田区有楽町一丁目 2 番 2 号
エフ・ジェー・ネクスト	東京都新宿区西新宿 6 丁目 5 番 1 号　新宿アイランドタワー 11F
ランドビジネス	東京都千代田区霞が関三丁目 2 番 5 号霞が関ビルディング
グランディハウス	栃木県宇都宮市大通り 4 丁目 3 番 18 号
日本空港ビルデング	東京都大田区羽田空港 3-3-2　第 1 旅客ターミナルビル

第3章

就職活動のはじめかた

入りたい会社は決まった。しかし「就職活動とはそもそ
も何をしていいのかわからない」「どんな流れで進むか
わからない」という声は意外と多い。ここでは就職活
動の一般的な流れや内容，対策について解説していく。

▶就職活動のスケジュール

| 3月 | 4月 | 6月 |

就職活動スタート

2025年卒の就活スケジュールは,経団連と政府を中心に議論され,2024年卒の採用選考スケジュールから概ね変更なしとされている。

エントリー受付・提出

OB・OG訪問

企業の説明会には積極的に参加しよう。独自の企業研究だけでは見えてこなかった新たな情報を得る機会であるとともに, モチベーションアップにもつながる。また, 説明会に参加した者だけに配布する資料なども ある。

合同企業説明会 　個別企業説明会

筆記試験・面接試験等始まる (3月〜)

内々定(大手企業)

2月末までにやっておきたいこと

就職活動が本格化する前に, 以下のことに取り組んでおこう。
　◎自己分析　◎インターンシップ　◎筆記試験対策
　◎業界研究・企業研究　◎学内就職ガイダンス
自分が本当にやりたいことはなにか, 自分の能力を最大限に活かせる会社はどこか。自己分析と企業研究を重ね, それを文章などにして明確にしておき, 面接時に最大限に活用できるようにしておこう。

※このスケジュール表は一般的なものです。本年（2019年度）の採用スケジュール表では
ありませんので，ご注意ください。

| **月** | **8月** | **10月** |

中小企業採用本格化

内定者の数が採用予定数に満たない企業，1年を通して採用を継続している企業，夏休み以降に採用活動を実施企業（後期採用）は採用活動を継続して行っている。大企業でも後期採用を行っていることもあるので，企業から内定が出ても，納得がいかなければ継続して就職活動を行うこともある。

中小企業の採用が本格化するのは大手企業より少し遅いこの時期から。HPなどで採用情報をつかむとともに，企業研究も怠らないようにしよう。

内々定とは10月1日以前に通知（電話等）されるもの。内定に関しては現在協定があり，10月1日以降に文書等にて通知される。

内々定（中小企業）

内定式（10月〜）

どんな人物が求められる？

多くの企業は，常識やコミュニケーション能力があり，社会のできごとに高い関心を持っている人物を求めている。これは「会社の一員として将来の企業発展に寄与してくれるか」という視点に基づく，もっとも普遍的な選考基準だ。もちろん，「自社の志望を真剣に考えているか」「自社の製品，サービスにどれだけの関心を向けているか」という熱意の部分も重要な要素になる。

就活ロールプレイ！

STEP 1　就職活動のスタート

内定までの道のりは，大きく分けると以下のようになる。

$$自 \quad 己 \quad 分 \quad 析$$

$$企 \quad 業 \quad 研 \quad 究$$

$$エントリーシート・筆記試験・面接$$

$$内 \quad 定$$

01 まず自己分析からスタート

　就職活動とは，「企業に自分をPRすること」。自分自身の興味，価値観に加えて，強み・能力という要素が加わって，初めて企業側に「自分が働いたら，こういうポイントで貢献できる」と自分自身を売り込むことができるようになる。

■自分の来た道を振り返る

　自己分析をするための第一歩は，「振り返ってみる」こと。

　小学校，中学校など自分のいた"場"ごとに何をしたか（部活動など），何を学んだか，交友関係はどうだったか，興味のあったこと，覚えている印象的なことを書き出してみよう。

■テストを受けてみる

　"自分では気がついていない能力"を客観的に検査してもらうことで，自分に向いている職種が見えてくる。下記の5種類が代表的なものだ。

①職業適性検査　　②知能検査　　③性格検査

④職業興味検査　　⑤創造性検査

■**先輩や専門家に相談してみる**

　就職活動をするうえでは，"いかに他人に自分のことをわかってもらうか"が重要なポイント。他者の視点で自分を分析してもらうことで，より客観的な視点で自己PRができるようになる。

自己分析の流れ

❑過去の経験を書いてみる

❑現在の自己イメージを明確にする…行動，考え方，好きなものなど。

❑他人から見た自分を明確にする

❑将来の自分を明確にしてみる…どのような生活をおくっていたいか。期待，夢，願望。なりたい自分はどういうものか，掘り下げて考える。→自己分析結果を，志望動機につなげていく。

STEP2 企業の情報を収集する

01 企業の絞り込み

　志望企業の絞り込みについての考え方は大きく分けて2つある。

　第1は，同一業種の中で1次候補，2次候補……と絞り込んでいく方法。

　第2は，業種を1次，2次，3次候補と変えながら，それぞれに2社程度ずつ絞り込んでいく方法。

　第1の方法では，志望する同一業種の中で，一流企業，中堅企業，中小企業，縁故などがある歯止めの会社……というふうに絞り込んでいく。

　第2の方法では，自分が最も望んでいる業種，将来好きになれそうな業種，発展性のある業種，安定性のある業種，現在好況な業種……というふうに区別して，それぞれに適当な会社を絞り込んでいく。

02 情報の収集場所

- ・キャリアセンター
- ・新聞
- ・インターネット
- ・企業情報

『就職四季報』（東洋経済新報社刊），『日経会社情報』（日本経済新聞社刊）などの企業情報。この種の資料は本来“株式市場”についての資料だが，その時期の景気動向を含めた情報を仕入れることができる。

- ・経済雑誌

『ダイヤモンド』（ダイヤモンド社刊）や『東洋経済』（東洋経済新報社刊），『エコノミスト』（毎日新聞出版刊）など。

- ・OB・OG／社会人

03 志望企業をチェック

①成長力

　まず"売上高"。次に資本力の問題や利益率などの比率。いくら資本金があっても，それを上回る膨大な借金を抱えていて，いくら稼いでも利払いに追われまくるようでは，成長できないし，安定できない。

　成長力を見るには自己資本率を割り出してみる。自己資本を総資本で割って100を掛けると自己資本率がパーセントで出てくる。自己資本の比率が高いほうが成長力もあり安定度も高い。

　利益率は純利益を売上高で割って100を掛ける。利益率が高ければ，企業はどんどん成長するし，社員の待遇も上昇する。利益率が低いということは，仕事がどんなに忙しくても利益にはつながらないということになる。

②技術力

　技術力は，短期的な見方と長期的な展望が必要になってくる。研究部門が適切な規模か，大学など企業外の研究部門との連絡があるか，先端技術の分野で開発を続けているかどうかなど。

③経営者と経営形態

　会社が将来，どのような発展をするか，または衰退するかは経営者の経営哲学，経営方針によるところが大きい。社長の経歴を知ることも必要。創始者の息子，孫といった親族が社長をしているのか，サラリーマン社長か，官庁などからの天下りかということも大切なチェックポイント。

④社風

　社風というのは先輩社員から後輩社員に伝えられ，教えられるもの。社風もいろいろな面から必ずチェックしよう。

⑤安定性

　企業が成長しているか，安定しているかということは車の両輪。どちらか片方の回転が遅くなっても企業はバランスを失う。安定し，しかも成長する。これが企業として最も理想とするところ。

⑥待遇

　初任給だけを考えてみても，それが手取りなのか，基本給なのか。基本給というのはボーナスから退職金，定期昇給の金額にまで響いてくる。また，待遇というのは給与ばかりではなく，福利厚生施設でも大きな差が出てくる。

■そのほかの会社比較の基準

1. ゆとり度

　休暇制度は，企業によって独自のものを設定しているところもある。「長期休暇制度」といったものなどの制定状況と，また実際に取得できているかどうかも調べたい。

2. 独身寮や住宅設備

　最近では，社宅は廃止し，住宅手当を多く出すという流れもある。寮や社宅についての福利厚生は調べておく。

3. オフィス環境

　会社に根づいた慣習や社員に対する考え方が，意外にオフィスの設備やレイアウトに表れている場合がある。

　たとえば，個人の専有スペースの広さや区切り方，パソコンなどOA機器の設置状況，上司と部下の机の配置など，会社によってずいぶん違うもの。玄関ロビーや受付の様子を観察するだけでも，会社ごとのカラーや特徴がどこかに見えてくる。

4. 勤務地

　転勤はイヤ，どうしても特定の地域で生活していきたい。そんな声に応えて，最近は流通業などを中心に，勤務地限定の雇用制度を取り入れる企業も増えている。

---

column　初任給では分からない本当の給与

　会社の給与水準には「初任給」「平均給与」「平均ボーナス」「モデル給与」など，判断材料となるいくつかのデータがある。これらのデータからその会社の給料の優劣を判断するのは非常に難しい。

　たとえば中小企業の中には，初任給が飛び抜けて高い会社がときどきある。しかしその後の昇給率は大きくないのがほとんど。

　一方，大手企業の初任給は業種間や企業間の差が小さく，ほとんど横並びと言っていい。そこで，「平均給与」や「平均ボーナス」などで将来の予測をするわけだが，これは一応の目安とはなるが，個人差があるので正確とは言えない。

■決定版「就職ノート」はこう作る

　1冊にすべて書き込みたいという人には，ルーズリーフ形式のノートがお勧め。会社研究，スケジュール，時事用語，OB／OG訪問，切り抜きなどの項目を作りインデックスをつける。

　カレンダー，説明会，試験などのスケジュール表を貼り，とくに会社別の説明会，面談，書類提出，試験の日程がひと目で分かる表なども作っておく。そして見開き2ページで1社を載せ，左ページに企業研究，右ページには志望理由，自己PRなどを整理する。

就職ノートの主なチェック項目

❏企業研究…資本金，業務内容，従業員数など基礎的な会社概要から，過去の採用状況，業務報告などのデータ

❏採用試験メモ…日程，条件，提出書類，採用方法，試験の傾向など

❏店舗・営業所見学メモ…流通関係，銀行などの場合は，客として訪問し，商品（値段，使用価値，ユーザーへの配慮），店員（接客態度，商品知識，熱意，親切度），店舗（ショーケース，陳列の工夫，店内の清潔さ）などの面をチェック

❏OB／OG訪問メモ…OB／OGの名前，連絡先，訪問日時，面談場所，質疑応答のポイント，印象など

❏会社訪問メモ…連絡先，人事担当者名，会社までの交通機関，最寄り駅からの地図，訪問のときに得た情報や印象，訪問にいたるまでの経過も記入

05 「OB／OG訪問」

　「OB／OG訪問」は，実際は採用予備選考開始。まず，OB／OG訪問を希望したら，大学のキャリアセンター，教授などの紹介で，志望企業に勤める先輩の手がかりをつかむ。もちろん直接電話なり手紙で，自分の意向を会社側に伝えてもいい。自分の在籍大学，学部をはっきり言って，「先輩を紹介していただけないでしょうか」と依頼しよう。

参考 ▶

OB／OG訪問時の質問リスト例

●**採用について**
- ・成績と面接の比重
- ・採用までのプロセス（日程）
- ・面接は何回あるか
- ・面接で質問される事項　etc.
- ・評価のポイント
- ・筆記試験の傾向と対策
- ・コネの効力はどうか

●**仕事について**
- ・内容（入社10年，20年のOB/OG）
- ・希望職種につけるのか
- ・残業，休日出勤，出張など
- ・新入社員の仕事
- ・やりがいはどうか
- ・同業他社と比較してどうか　etc.

●**社風について**
- ・社内のムード
- ・仕事のさせ方　etc.
- ・上司や同僚との関係

●**待遇について**
- ・給与について
- ・昇進のスピード
- ・福利厚生の状態
- ・離職率について　etc.

06 インターンシップ

インターンシップとは，学生向けに企業が用意している「就業体験」プログラム。ここで学生はさまざまな企業の実態をより深く知ることができ，その後の就職活動において自己分析，業界研究，職種選びなどに活かすことができる。また企業側にとっても有能な学生を発掘できるというメリットがあるため，導入する企業は増えている。

インターンシップ参加が採用につながっているケースもあるため，たくさん参加してみよう。

---

column コネを利用するのも1つの手段？

コネを活用できるのは，以下のような場合である。

・企業と大学に何らかの「連絡」がある場合

　企業の新卒採用の場合，特定校・指定校が決められていることもある。企業側が過去の実績などに基づいて決めており，大学の力が大きくものをいう。

　とくに理工系では，指導教授や研究室と企業との連絡が密接な場合が多く，教授の推薦が有利であることは言うまでもない。同じ大学出身の先輩とのコネも，この部類に区分できる。

・志望企業と「関係」ある人と関係がある場合

　一般的に言えば，志望企業の取り引き先関係からの紹介というのが一番多い。ただし，年間億単位の実績が必要で，しかも部長・役員以上につながっていなければコネがあるとは言えない。

・志望企業と何らかの「親しい関係」がある場合

　志望企業に勤務したりアルバイトをしていたことがあるという場合。インターンシップもここに分類される。職場にも馴染みがあり人間関係もできているので，就職に際してきわめて有利。

・志望会社に関係する人と「縁故」がある場合

　縁故を「血縁関係」とした場合，日本企業ではこのコネはかなり有効なところもある。ただし，血縁者が同じ会社にいるというのは不都合なことも多いので，どの企業も慎重。

1. 受付の様子

受付事務がテキパキとしていて，分かりやすいかどうか。社員の態度が親切で誠意が伝わってくるかどうか。

こういった受付の様子からでも，その会社の社員教育の程度や，新入社員採用に対する熱意とか期待を推し測ることができる。

2. 控え室の様子

控え室が2カ所以上あって，国立大学と私立大学の訪問者とが，別々に案内されているようなことはないか。また，面談の順番を意図的に変えているようなことはないか。これはよくある例で，すでに大半は内定しているということを意味する場合が多い。

3. 社内の雰囲気

社員の話し方，その内容を耳にはさむだけでも，社風が伝わってくる。

4. 面談の様子

何時間も待たせたあげくに，きわめて事務的に，しかも投げやりな質問しかしないような採用担当者である場合，この会社は人事が適正に行われていないということだから，一考したほうがよい。

参考 ▶ 説明会での質問項目

- 質問内容が抽象的でなく，具体性のあるものかどうか。
- 質問内容は，現在の社会・経済・政治などの情況を踏まえた，大学生らしい高度で専門性のあるものか。
- 質問をするのはいいが，「それでは，あなたの意見はどうか」と逆に聞かれたとき，自分なりの見解が述べられるものであるか。

提出書類を用意する

提出する書類は6種類。①～③が大学に申請する書類，④～⑥が自分で書く書類だ。大学に申請する書類は一度に何枚も入手しておこう。

①「卒業見込証明書」

②「成績証明書」

③「健康診断書」

④「履歴書」

⑤「エントリーシート」

⑥「会社説明会アンケート」

■自分で書く書類は「自己PR」

第1次面接に進めるか否かは「自分で書く書類」の出来にかかっている。「履歴書」と「エントリーシート」は会社説明会に行く前に準備しておくもの。「会社説明会アンケート」は説明会の際に書き，その場で提出する書類だ。

01 履歴書とエントリーシートの違い

Webエントリーを受け付けている企業に資料請求をすると，資料と一緒に「エントリーシート」が送られてくるので，応募サイトのフォームやメールでエントリーシートを送付する。Webエントリーを行っていない企業には，ハガキやメールで資料請求をする必要があるが，「エントリーシート」は履歴書とは異なり，企業が設定した設問に対して回答するもの。すなわちこれが「1次試験」であり，これにパスをした人だけが会社説明会に呼ばれる。

■字はていねいに

字を書くところから，その企業に対する“本気度”は測られている。

■誤字，脱字は厳禁

使用するのは，黒のインク。

■修正液使用は不可

■数字は算用数字

■自分の広告を作るつもりで書く

自分はこういう人間であり，何がしたいかということを簡潔に書く。メリットになることだけで良い。自分に損になるようなことを書く必要はない。

■「やる気」を示す具体的なエピソードを

「私はやる気があります」「私は根気があります」という抽象的な表現だけではNG。それを示すエピソードのようなものを書かなくては意味がない。

Point

自己紹介欄の項目はすべて「自己PR」。自分はこういう人間であることを印象づけ，それがさらに企業への「志望動機」につながっていくような書き方をする。

column 履歴書やエントリーシートは，共通でもいい？

「履歴書」や「エントリーシート」は企業によって書き分ける。業種はもちろん，同じ業界の企業であっても求めている人材が違うからだ。各書類は提出前にコピーを取り，さらに出した企業名を忘れずに書いておくことも大切だ。

写真	スナップ写真は不可。 スーツ着用で,胸から上の物を使用する。ポイントは「清潔感」。 氏名・大学名を裏書きしておく。
日付	郵送の場合は投函する日,持参する場合は持参日の日付を記入する。
生年月日	西暦は避ける。元号を省略せずに記入する。
氏名	戸籍上の漢字を使う。印鑑押印欄があれば忘れずに押す。
住所	フリガナ欄がカタカナであればカタカナで,平仮名であれば平仮名で記載する。
学歴	最初の行の中央部に「学□□歴」と2文字程度間隔を空けて,中学校卒業から大学(卒業・卒業見込み)まで記入する。 中途退学の場合は,理由を簡潔に記載する。留年は記入する必要はない。 職歴がなければ,最終学歴の一段下の行の右隅に,「以上」と記載する。
職歴	最終学歴の一段下の行の中央部に「職□□歴」と2文字程度間隔を空け記入する。 「株式会社」や「有限会社」など,所属部門を省略しないで記入する。 「同上」や「〃」で省略しない。 最終職歴の一段下の行の右隅に,「以上」と記載する。
資格・免許	4級以下は記載しない。学習中のものも記載して良い。 「普通自動車第一種運転免許」など,省略せずに記載する。
趣味・特技	具体的に(例:読書でもジャンルや好きな作家を)記入する。
志望理由	その企業の強みや良い所を見つけ出したうえで,「自分の得意な事」がどう活かせるかなどを考えぬいたものを記入する。
自己PR	応募企業の事業内容や職種にリンクするような,自分の経験やスキルなどを記入する。
本人希望欄	面接の連絡方法,希望職種・勤務地などを記入する。「特になし」や空白はNG。
家族構成	最初に世帯主を書き,次に配偶者,それから家族を祖父母,兄弟姉妹の順に。続柄は,本人から見た間柄。兄嫁は,義姉と書く。
健康状態	「良好」が一般的。

理論編 STEP4　エントリーシートの記入

01 エントリーシートの目的

・応募者を，決められた採用予定者数に絞り込むこと

・面接時の資料にする

の2つ。

■知りたいのは職務遂行能力

採用担当者が学生を見る場合は，「こいつは与えられた仕事をこなせるかどうか」という目で見ている。企業に必要とされているのは仕事をする能力なのだ。

> **Point**
>
> 質問に忠実に，"自分がいかにその会社の求める人材に当てはまるか"を
> 丁寧に答えること。

02 効果的なエントリーシートの書き方

■情報を伝える書き方

課題をよく理解していることを相手に伝えるような気持ちで書く。

■文章力

大切なのは全体のバランスが取れているか。書く前に，何をどれくらいの字数で収めるか計算しておく。

「起承転結」でいえば，「起」は，文章を起こす導入部分。「承」は，起を受けて，その提起した問題に対して承認を求める部分。「転」は，自説を展開する部分。もっともオリジナリティが要求される。「結」は，最後の締めの結論部分。文章の構成・まとめる力で，総合的な能力が高いことをアピールする。

参考 ▶エントリーシートでよく取り上げられる題材と，その出題意図

エントリーシートで求められるものは，「自己PR」「志望動機」「将来どうなりたいか（目指すこと）」の3つに大別される。

1. 「自己PR」

自己分析にしたがって作成していく。重要なのは，「なぜそうしようと思ったか？」「○○をした結果，何が変わったのか？何を得たのか？」という"連続性"が分かるかどうかがポイント。

2. 「志望動機」

自己PRと一貫性を保ち，業界志望理由と企業志望理由を差別化して表現するように心がける。志望する業界の強みと弱み，志望企業の強みと弱みの把握は基本。

3. 「将来の展望」

どんな社員を目指すのか，仕事へはどう臨もうと思っているか，目標は何か，などが問われる。仕事内容を事前に把握しておくだけでなく，5年後の自分，10年後の自分など，具体的な将来像を描いておくことが大切。

表現力，理解力のチェックポイント

☐ 文法，語法が正しいかどうか
☐ 論旨が論理的で一貫しているかどうか
☐ 1センテンスが簡潔かどうか
☐ 表現が統一されているかどうか（「です，ます」調か「だ，である」調か）

01 個人面接

●自由面接法

面接官と受験者のキャラクターやその場の雰囲気，質問と応答の進行具合などによって雑談形式で自由に進められる。

●標準面接法

自由面接法とは逆に，質問内容や評価の基準などがあらかじめ決まっている。実際には自由面接法と併用で，おおまかな質問事項や判定基準，評価ポイントを決めておき，質疑応答の内容上の制限を緩和しておくスタイルが一般的。1次面接などでは標準面接法をとり，2次以降で自由面接法をとる企業も多い。

●非指示面接法

受験者に自由に発言してもらい，面接官は話題を引き出したりするときなど，最小限の質問をするという方法。

●圧迫面接法

わざと受験者の精神状態を緊張させ，受験者がどのような応答をするかを観察し，判定する。受験者は，冷静に対応することが肝心。

02 集団面接

面接の方法は個人面接と大差ないが，面接官がひとつの質問をして，受験者が順にそれに答えるという方法と，面接官が司会役になって，座談会のような形式で進める方法とがある。

座談会のようなスタイルでの面接は，なるべく受験者全員が関心をもっているような話題を取りあげ，意見を述べさせるという方法。この際，司会役以外の面接官は一言も発言せず，判定・評価に専念する。

03 グループディスカッション

　グループディスカッション（以下，GD）の時間は30〜60分程度，1グループの人数は5〜10人程度で，司会は面接官が行う場合や，時間を決めて学生が交替で行うことが多い。面接官は内容については特に指示することはなく，受験者がどのようにGDを進めるかを観察する。

　評価のポイントは，全体的には理解力，表現力，指導性，積極性，協調性など，個別的には性格，知識，適性などが観察される。

　GDの特色は，集団の中での個人ということで，受験者の能力がどの程度のものであるか，また，どのようなことに向いているかを判定できること。受験者は，グループの中における自分の位置を面接官に印象づけることが大切だ。

グループディスカッション方式の面接におけるチェックポイント

- ❏全体の中で適切な論点を提供できているかどうか。
- ❏問題解決に役立つ知識を持っているか，また提供できているかどうか。
- ❏もつれた議論を解きほぐし，的はずれの議論を元に引き戻す努力をしているかどうか。
- ❏グループ全体としての目標をいつも考えているかどうか。
- ❏感情的な対立や攻撃をしかけているようなことはないか。
- ❏他人の意見に耳を傾け，よい意見には賛意を表し，それを全体に推し広げようという寛大さがあるかどうか。
- ❏議論の流れを自然にリードするような主導性を持っているかどうか。
- ❏提出した意見が議論の進行に大きな影響を与えているかどうか。

04 面接時の注意点

●控え室

　控え室には，指定された時間の15分前には入室しよう。そこで担当の係から，面接に際しての注意点や手順の説明が行われるので，疑問点は積極的に聞くようにし，心おきなく面接にのぞめるようにしておこう。会社によっては，所定のカードに必要事項を書き込ませたり，お互いに自己紹介をさせたりする場合もある。また，この控え室での行動も細かくチェックして，合否の資料にしている会社もある。

●入室・面接開始

　係員がドアの開閉をしてくれる場合もあるが，それ以外は軽くノックして入室し，必ずドアを閉める。そして入口近くで軽く一礼し，面接官か補助員の「どうぞ」という指示で正面の席に進み，ここで再び一礼をする。そして，学校名と氏名を名のって静かに着席する。着席時は，軽く椅子にかけるようにする。

●面接終了と退室

　面接の終了が告げられたら，椅子から立ち上がって一礼し，椅子をもとに戻して，面接官または係員の指示を受けて退室する。

　その際も，ドアの前で面接官のほうを向いて頭を下げ，静かにドアを開閉する。控え室に戻ったら，係員の指示を受けて退社する。

05 面接試験の評定基準

●協調性

　企業という「集団」では，他人との協調性が特に重視される。

　感情や態度が円満で調和がとれていること，極端に好悪の情が激しくなく，物事の見方や考え方が穏健で中立であることなど，職場での人間関係を円滑に進めていくことのできる人物かどうかが評価される。

●話し方

　外観印象的には，言語の明瞭さや応答の態度そのものがチェックされる。小さな声で自信のない発言，乱暴野卑な発言は減点になる。

　考えをまとめたら，言葉を選んで話すくらいの余裕をもって，真剣に応答しようとする姿勢が重視される。軽率な応答をしたり，まして発言に矛盾を指摘されるような事態は極力避け，もしそのような状況になりそうなときは，自分の非を認めてはっきりと謝るような態度を示すべき。

●好感度

　実社会においては，外観による第一印象が，人間関係や取引に大きく影響を及ぼす。

　「フレッシュな爽やかさ」に加え，入社志望など，自分の意思や希望をより明確にすることで，強い信念に裏づけられた姿勢をアピールできるよう努力したい。

●判断力

何を質問されているのか，何を答えようとしているのか，常に冷静に判断していく必要がある。

●**表現力**

話に筋道が通り理路整然としているか，言いたいことが簡潔に言えるか，話し方に抑揚があり聞く者に感銘を与えるか，用語が適切でボキャブラリーが豊富かどうか。

●**積極性**

活動意欲があり，研究心旺盛であること，進んで物事に取り組み，創造的に解決しようとする意欲が感じられること，話し方にファイトや情熱が感じられること，など。

●**計画性**

見通しをもって順序よく合理的に仕事をする性格かどうか，またその能力の有無。企業の将来性のなかに，自分の将来をどうかみ合わせていこうとしているか，現在の自分を出発点として，何を考え，どんな仕事をしたいのか。

●**安定性**

情緒の安定は，社会生活に欠くことのできない要素。自分自身をよく知っているか，他の人に流されない信念をもっているか。

●**誠実性**

自分に対して忠実であろうとしているか，物事に対してどれだけ誠実な考え方をしているか。

●**社会性**

企業は集団活動なので，自分の考えに固執したり，不平不満が多い性格は向かない。柔軟で適応性があるかどうか。

清潔感や明朗さ，若々しさといった外観面も重視される。

06 面接試験の質問内容

1. 志望動機

受験先の概要や事業内容はしっかりと頭の中に入れておく。また，その企業の企業活動の社会的意義と，自分自身の志望動機との関連を明確にしておく。「安定している」「知名度がある」「将来性がある」といった利己的な動機，「自

分の性格に合っている」というような，あいまいな動機では説得力がない。安定性や将来性は，具体的にどのような企業努力によって支えられているのかという考察も必要だし，それに対する受験者自身の評価や共感なども問われる。

①どうしてその業種なのか

②どうしてその企業なのか

③どうしてその職種なのか

以上の①～③と，自分の性格や資質，専門などとの関連性を説明できるようにしておく。

自分がどうしてその会社を選んだのか，どこに大きな魅力を感じたのかを，できるだけ具体的に，情熱をもって語ることが重要。自分の長所と仕事の適性を結びつけてアピールし，仕事のやりがいや仕事に対する興味を述べるのもよい。

■複数の企業を受験していることは言ってもいい？

同じ職種，同じ業種で何社かかけもちしている場合，正直に答えてもかまわない。しかし，「第一志望はどこですか」というような質問に対して，正直に答えるべきかどうかというと，やはりこれは疑問がある。どんな会社でも，他社を第一志望にあげられれば，やはり愉快には思わない。

また，職種や業種の異なる会社をいくつか受験する場合も同様で，極端に性格の違う会社をあげれば，その矛盾を突かれるのは必至だ。

2. 仕事に対する意識・職業観

採用試験の段階では，次年度の配属予定が具体的に固まっていない会社もかなりある。具体的に職種や部署などを細分化して募集している場合は別だが，そうでない場合は，希望職種をあまり狭く限定しないほうが賢明。どの業界においても，採用後，新入社員には，研修としてその会社の各セクションをひと通り経験させる企業は珍しくない。そのうえで，具体的な配属計画を検討するのだ。

大切なことは，就職や職業というものを，自分自身の生き方の中にどう位置づけるか，また，自分の生活の中で仕事とはどういう役割を果たすのかを考えてみること。つまり自分の能力を活かしたい，社会に貢献したい，自分の存在価値を社会的に実現してみたい，ある分野で何か自分の力を試してみたい……，などの場合を考え，それを自分自身の人生観，志望職種や業種などとの関係を考えて組み立ててみる。自分の人生観をもとに，それを自分の言葉で表現できるようにすることが大切。

3. 自己紹介・自己PR

性格そのものを簡単に変えたり，欠点を克服したりすることは実際には難しいが，"仕方がない"という姿勢を見せることは禁物で，どんなささいなことでも，努力している面をアピールする。また一般的にいって，専門職を除けば，就職時になんらかの資格や技能を要求する企業は少ない。

　ただ，資格をもっていれば採用に有利とは限らないが，専門性を要する業種では考慮の対象とされるものもある。たとえば英検，簿記など。

　企業が学生に要求しているのは，4年間の勉学を重ねた学生が，どのように仕事に有用であるかということで，学生の知識や学問そのものを聞くのが目的ではない。あくまで，社会人予備軍としての謙虚さと素直さを失わないようにする。

　知識や学力よりも，その人の人間性，ビジネスマンとしての可能性を重視するからこそ，面接担当者は，学生生活全般について尋ねることで，書類だけでは分からない人間性を探ろうとする。

　何かうち込んだものや思い出に残る経験などは，その人の人間的な成長になんらかの作用を及ぼしているものだ。どんな経験であっても，そこから受けた印象や教訓などは，明確に答えられるようにしておきたい。

4. 一般常識・時事問題

　一般常識・時事問題については筆記試験の分野に属するが，面接でこうしたテーマがもち出されることも珍しくない。受験者がどれだけ社会問題に関心をもっているか，一般常識をもっているか，また物事の見方・考え方に偏りがないかなどを判定する。知識や教養だけではなく，一問一答の応答を通じて，その人の性格や適応能力まで判断されることになる。

07 面接に向けての事前準備

■面接試験1カ月前までには万全の準備をととのえる

●志望会社・職種の研究

　新聞の経済欄や経済雑誌などのほか，会社年鑑，株式情報など書物による研究をしたり，インターネットにあがっている企業情報や，検索によりさまざまな角度から調べる。すでにその会社へ就職している先輩や知人に会って知識を得たり，大学のキャリアセンターへ情報を求めるなどして総合的に判断する。

■専攻科目の知識・卒論のテーマなどの整理

大学時代にどれだけ勉強してきたか，専攻科目や卒論のテーマなどを整理しておく。

■時事問題に対する準備

　毎日欠かさず新聞を読む。志望する企業の話題は，就職ノートに整理するなどもアリ。

面接当日の必需品

❏必要書類（履歴書，卒業見込証明書，成績証明書，健康診断書，推薦状）

❏学生証

❏就職ノート（志望企業ファイル）

❏印鑑，朱肉

❏筆記用具（万年筆，ボールペン，サインペン，シャープペンなど）

❏手帳，ノート

❏地図（訪問先までの交通機関などをチェックしておく）

❏現金（小銭も用意しておく）

❏腕時計（オーソドックスなデザインのもの）

❏ハンカチ，ティッシュペーパー

❏くし，鏡（女性は化粧品セット）

❏シューズクリーナー

❏ストッキング

❏折りたたみ傘（天気予報をチェックしておく）

❏携帯電話，充電器

STEP 6 筆記試験の種類

理論編

■一般常識試験

社会人として企業活動を行ううえで最低限必要となる一般常識のほか，
英語，国語，社会(時事問題)，数学などの知識の程度を確認するもの。

難易度はおおむね中学・高校の教科書レベル。一般常識の問題集を1冊やっ
ておけばよいが，業界によっては専門分野が出題されることもあるため，必ず
志望する企業のこれまでの試験内容は調べておく。

■一般常識試験の対策
・英語　慣れておくためにも，教科書を復習する，英字新聞を読むなど。
・国語　漢字，四字熟語，反対語，同音異義語，ことわざをチェック。
・時事問題　新聞や雑誌,テレビ,ネットニュースなどアンテナを張っておく。

■適性検査
　SPI (Synthetic Personality Inventory) 試験 (SPI3試験) とも呼ばれ，能力
テストと性格テストを合わせたもの。
　能力テストでは国語能力を測る「言語問題」と,数学能力を測る「非言語問題」
がある。言語的能力，知覚能力，数的能力のほか，思考・推理能力，記憶力，
注意力などの問題で構成されている。
　性格テストは「はい」か「いいえ」で答えていく。仕事上の適性と性格の傾向
などが一致しているかどうかをみる。

SPIは職務への適応性を客観的にみるためのもの。

01 「論文」と「作文」

　一般に「論文」はあるテーマについて自分の意見を述べ，その論証をする文章で，必ず意見の主張とその論証という2つの部分で構成される。問題提起と論旨の展開，そして結論を書く。

　「作文」は，一般的には感想文に近いテーマ，たとえば「私の興味」「将来の夢」といったものがある。

　就職試験では「論文」と「作文」を合わせた"論作文"とでもいうようなものが出題されることが多い。

　論作文試験とは，「文章による面接」。テーマに書き手がどういう態度を持っているかを知ることが，出題の主な目的だ。受験者の知識・教養・人生観・社会観・職業観，そして将来への希望などが，どのような思考を経て，どう表現されているかによって，企業にとって，必要な人物かどうかを判断している。

　論作文の場合には，書き手の社会的意識や考え方に加え，「感銘を与える」働きが要求される。就職活動とは，企業に対し「自分をアピールすること」だということを常に念頭に置いておきたい。

Point

論文と作文の違い

	論　文	作　文
テーマ	学術的・社会的・国際的なテーマ。時事，経済問題など	個人的・主観的なテーマ。人生観，職業観など
表現	自分の意見や主張を明確に述べる。	自分の感想を述べる。
展開	四段型（起承転結）の展開が多い。	三段型（はじめに・本文・結び）の展開が多い。
文体	「だ調・である調」のスタイルが多い。	「です調・ます調」のスタイルが多い。

・テーマ

与えられた課題（テーマ）を，受験者はどのように理解しているか。

出題されたテーマの意義をよく考え，それに対する自分の意見や感情が，十分に整理されているかどうか。

・表現力

課題について本人が感じたり，考えたりしたことを，文章で的確に表しているか。

・字・用語・その他

かなづかいや送りがなが合っているか，文中で引用されている格言やことわざの類が使用法を間違えていないか，さらに誤字・脱字に至るまで，文章の基本的な力が受験者の人柄ともからんで厳密に判定される。

・オリジナリティ

魅力がある文章とは，オリジナリティを率直に出すこと。自分の感情や意見を，自分の言葉で表現する。

・生活態度

文章は，書き手の人格や人柄を映し出す。平素の社会的関心や他人との協調性，趣味や読書傾向はどうであるかといった，受験者の日常における生き方，生活態度がみられる。

・字の上手・下手

できるだけ読みやすい字を書く努力をする。また，制限字数より文章が長くなって原稿用紙の上下や左右の空欄に書き足したりすることは避ける。消しゴムで消す場合にも，丁寧に。

いずれの場合でも，表面的な文章力を問うているのではなく，受験者の人柄のほうを重視している。

マナーチェックリスト

就活において企業の人事担当は，面接試験やOG／OB訪問，そして面接試験において，あなたのマナーや言葉遣いといった，「常識力」をチェックしている。現在の自分はどのくらい「常識力」が身についているかをチェックリストで振りかえり，何ができて，何ができていないかを明確にしたうえで，今後の取り組みに生かしていこう。

評価基準 5：大変良い　4：やや良い　3：どちらともいえない　2：やや悪い　1：悪い

	項 目	評 価	メ モ
挨拶	明るい笑顔と声で挨拶をしているか		
	相手を見て挨拶をしているか		
	相手より先に挨拶をしているか		
	お辞儀を伴った挨拶をしているか		
	直接の応対者でなくても挨拶をしているか		
表情	笑顔で応対しているか		
	表情に私的感情がでていないか		
	話しかけやすい表情をしているか		
	相手の話は真剣な顔で聞いているか		
身だしなみ	前髪は目にかかっていないか		
	髪型は乱れていないか／長い髪はまとめているか		
	髭の剃り残しはないか／化粧は健康的か		
	服は汚れていないか／清潔に手入れされているか		
	機能的で職業・立場に相応しい服装をしているか		
	華美なアクセサリーはつけていないか		
	爪は伸びていないか		
	靴下の色は適当か／ストッキングの色は自然な肌色か		
	靴の手入れは行き届いているか		
	ポケットに物を詰めすぎていないか		

項　目	評　価	メ　モ
言葉遣い 専門用語を使わず，相手にわかる言葉で話しているか		
状況や相手に相応しい敬語を正しく使っているか		
相手の聞き取りやすい音量・速度で話しているか		
語尾まで丁寧に話しているか		
気になる言葉癖はないか		
動作 物の授受は両手で丁寧に実施しているか		
案内・指し示し動作は適切か		
キビキビとした動作を心がけているか		
心構え 勤務時間・指定時間の5分前には準備が完了しているか		
心身ともに健康管理をしているか		
仕事とプライベートの切替えができているか		

☑ 常に自己点検をするクセをつけよう

「人を表情やしぐさ，身だしなみなどの見かけで判断してはいけない」と一般にいわれている。確かに，人の個性は見かけだけではなく，内面においても見いだされるもの。しかし，私たちは人を第一印象である程度決めてしまう傾向がある。それが面接試験など初対面の場合であればなおさらだ。したがって，チェックリストにあるような挨拶，表情，身だしなみ等に注意して面接試験に臨むことはとても重要だ。ただ，これらは面接試験前にちょっと対策したからといって身につくようなものではない。付け焼き刃的な対策をして面接試験に臨んでも，面接官はあっという間に見抜いてしまう。日頃からチェックリストにあるような項目を意識しながら行動することが大事であり，そうすることで，最初はぎこちない挨拶や表情等も，その人の個性に応じたすばらしい所作へ変わっていくことができるのだ。さっそく，本日から実行してみよう。

面接試験において，印象を決定づける表情はとても大事。
どのようにすれば感じのいい表情ができるのか，ポイントを確認していこう。

明るく,温和で
柔らかな表情をつくろう

人間関係の潤滑油

表情に関しては，まずは豊かである
ということがベースになってくる。う
れしい表情，困った表情，驚いた表
情など，さまざまな気持ちを表現で
きるということが，人間関係を潤いの
あるものにしていく。

Point

　表情はコミュニケーションの大前提。相手に「いつでも話しかけてくださ
いね」という無言の言葉を発しているのが，就活に求められる表情だ。面接
官が安心してコミュニケーションをとろうと思ってくれる表情。それが，明
るく，温和で柔らかな表情となる。

カンタンTraining

Training **01**

喜怒哀楽を表してみよう

・人との出会いを楽しいと思うことが表情の基本
・表情を豊かにする大前提は相手の気持ちに寄り添うこと
・目元・口元だけでなく，眉の動きを意識することが大事

Training **02**

表情筋のストレッチをしよう

・表情筋は「ウイスキー」の発音によって鍛える
・意識して毎日，取り組んでみよう
・笑顔の共有によって相手との距離が縮まっていく

コミュニケーションは挨拶から始まり，その挨拶ひとつで印象は変わるもの。
ポイントを確認していこう。

丁寧にしっかりと
はっきり挨拶をしよう

人間関係の第一歩

挨拶は心を開いて，相手に近づくコミュニケーションの第一歩。たかが挨拶，されど挨拶の重要性をわきまえて，きちんとした挨拶をしよう。形，つまり"技"も大事だが，心をこめることが最も重要だ。

Point

　挨拶はコミュニケーションの第一歩。相手が挨拶するのを待っているのは望ましくない。挨拶の際のポイントは丁寧であることと，はっきり声に出すことの2つ。丁寧な挨拶は，相手を大事にして迎えている気持ちの表れとなる。はっきり声に出すことで，これもきちんと相手を迎えていることが伝わる。また，相手もその応答として挨拶してくれることで，会ってすぐに双方向のコミュニケーションが成立する。

いますぐデキる

カンタンTraining

Training **01**

３つのお辞儀をマスターしよう

① 会釈（15度）　　　　② 敬礼（30度）　　　　③ 最敬礼（45度）

・息を吸うことを意識してお辞儀をするとキレイな姿勢に
・目線は真下ではなく，床前方1.5m先ぐらいを見よう
・相手への敬意を忘れずに

Training **02**

対面時は言葉が先，お辞儀が後

・相手に体を向けて先に自ら挨拶をする
・挨拶時，相手とアイコンタクトを
　しっかり取ろう
・挨拶の後に，お辞儀をする。
　これを「語先後礼」という

実践編 STEP3 聞く姿勢

コミュニケーションは「話す」よりも「聞く」ことといわれる。相手が話しやすい聞き方の、ポイントを確認しよう。

受容の立場で
傾聴しよう

相手の話を受けとめる

話を聞くときは、やや前に傾く姿勢をとる。表情と姿勢が合わさることにより、話し手の心が開き「あれも、これも話そう」という気持ちになっていく。また、「はい」と一度のお辞儀で頷くと相手の話を受け止めているというメッセージにつながる。

> **Point**
>
> 話をすること、話を聞いてもらうことは誰にとってもプレッシャーを伴うもの。そのため、「何でも話して良いんですよ」「何でも話を聞きますよ」「心配しなくて良いんですよ」という気持ちで聞くことが大切になる。その気持ちが聞く姿勢に表れれば、相手は安心して話してくれる。

カンタンTraining

Training 01

頷きは一度で

- 相手が話した後に「はい」と
  一言発する
- 頷きすぎは逆効果

Training 02

目線は自然に

- 鼻の付け根あたりを見ると
  自然な印象に
- 目を見つめすぎるのはNG

Training 03

話の句読点で視線を移す

- 視線は話している人を見ることが基本
- 複数の人の話を聞くときは句読点を意識し，
  視線を振り分けることで聞く姿勢を表す

自分の意思を相手に明確に伝えるためには，話し方が重要となる。はっきりと的確に話すためのポイントを確認しよう。

明るい発声を
心がけよう

ボリュームを意識して

話すときのポイントとしては，ボリュームを意識することが挙げられる。会議室の一番奥にいる人に声が届くように意識することで，声のボリュームはコントロールされていく。

Point

コミュニケーションとは「伝達」すること。どのようなことも，適当に伝えるのではなく，伝えるべきことがきちんと相手に届くことが大切になる。そのためには，はっきりと，分かりやすく，丁寧に，心を込めて話すこと。言葉だけでなく，表情やジェスチャーを加えることも有効。

いますぐデキる
カンタンTraining

Training 01
腹式呼吸で発声練習

- 「あえいうえおあお」と発声する
- 腹式呼吸は，胸部をなるべく動かさずに，息を吸うときにお腹や腰が膨らむよう意識する呼吸法

Training 02
早口言葉にチャレンジ

おあやや
母親に
お謝り

- 「おあやや，母親に，お謝り」と早口で
- 口がすぼまった「お」と口が開いた「あ」の発音に，変化をつけられるかがポイント

Training 03
ジェスチャーを有効活用

- 腰より上でジェスチャーをする
- 体から離した位置に手をもっていく
- ジェスチャーをしたら戻すところをさだめておく

身だしなみはその人自身を表すもの。身だしなみの基本について，ポイントを
確認しよう。

清潔感,さわやかさを
醸し出せるようにしよう

プロの企業人に
ふさわしい身だしなみを

信頼感，安心感をもたれる身だしな
みを考えよう。TPOに合わせた服装は，
すなわち"礼"を表している。そして，
身だしなみには，「清潔感」,「品のよさ」,
「控え目である」という，3つのポイ
ントがある。

Point

相手との心理的な距離や物理的な距離が遠ければ，コミュニケーションは
成立しにくくなる。見た目が不潔では誰も近付いてこない。身だしなみが
清潔であること，爽やかであることは相手との距離を縮めることにも繋る。

いますぐデキる
カンタンTraining

髪型，服装を整えよう

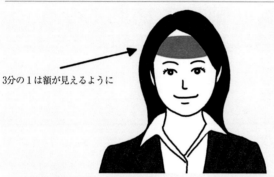

3分の1は額が見えるように

- 男性も女性も眉が見える髪型が望ましい。3分の1は額が見えるように。額は知性と清潔感を伝える場所。男性の髪の長さは耳や襟にかからないように
- スーツで相手の前に立つときは，ボタンはすべて留める。男性の場合は下のボタンは外す

おしゃれとの違いを明確に

- 爪はできるだけ切りそろえる
- 爪の中の汚れにも注意
- ジェルネイル，ネイルアートはNG

足元にも気を配って

- 女性の場合はパンプス，男性の場合は黒の紐靴が望ましい
- 靴はこまめに汚れを落とし見栄えよく

姿勢にはその人の意欲が反映される。前向き，活動的な姿勢を表すにはどうしたらよいか，ポイントを確認しよう。

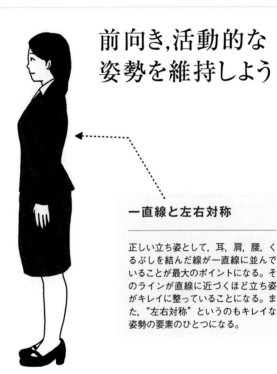

前向き,活動的な 姿勢を維持しよう

一直線と左右対称

正しい立ち姿として，耳，肩，腰，くるぶしを結んだ線が一直線に並んでいることが最大のポイントになる。そのラインが直線に近づくほど立ち姿がキレイに整っていることになる。また，"左右対称"というのもキレイな姿勢の要素のひとつになる。

Point

　姿勢は，身体と心の状態を反映するもの。そのため，良い姿勢でいることは，印象が清々しいだけでなく，健康で元気そうに見え，話しかけやすさにも繋がる。歩く姿勢，立つ姿勢，座る姿勢など，どの場面にも心身の健康状態が表れるもの。日頃から心身の健康状態に気を配り，フィジカルとメンタル両面の自己管理を心がけよう。

いますぐデキる
カンタンTraining

Training 01

キレイな歩き方を心がけよう

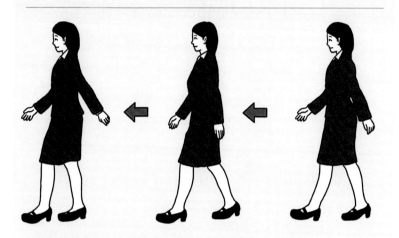

- ・女性は1本の線上を，男性はそれよりも太い線上を沿うように歩く
- ・一歩踏み出したときに前の足に体重を乗せるように，腰から動く
- ・12時の方向につま先をもっていく

Training 02

前向きな気持ちを持とう

- ・常に前向きな気持ちが姿勢を正す
- ・ポジティブ思考を心がけよう

言葉遣いの正しさはとは，場面にあった言葉を遣うということ。相手を気づかいながら，言葉を選ぶことで，より正しい言葉に近づいていく。

相手と場面に合わせた ふさわしい言葉遣いを

次の文は接客の場面でよくある間違えやすい敬語です。
それぞれの言い方は○×どちらでしょうか。

問1 「資料をご拝読いただきありがとうございます」

問2 「こちらのパンフレットはもういただかれましたか？」

問3 「恐れ入りますが，こちらの用紙にご記入してください」

問4 「申し訳ございませんが，来週，休ませていただきます」

問5 「先ほどの件，帰りましたら上司にご報告いたしますので」

Point

ビジネスのシーンに敬語は欠くことができない。何度もやり取りをしていく中で，親しさの度合いによっては，あえてくだけた表現を用いることもあるが，「親しき仲にも礼儀あり」と言われるように，敬意や心づかいをおろそかにしてはいけないもの。相手に誤解されたり，相手の気分を壊すことのないように，相手や場面にふさわしい言葉遣いが大切になる。

問1 （×） ○正しい言い換え例

→「ご覧いただきありがとうございます」など

「拝読」は自分が「読む」意味の謙譲語なので，相手の行為に使うのは誤り。読むと見るは同義なため，多く，見るの尊敬語「ご覧になる」が用いられる。

問2 （×） ○正しい言い換え例

→「お持ちですか」「お渡ししましたでしょうか」 など

「いただく」は，食べる・飲む・もらうの謙譲語。「もらったかどうか」と聞きたいのだから，「おもらいになりましたか」と言えないこともないが，持っているかどうか，受け取ったかどうかという意味で「お持ちですか」などが使われることが多い。また，自分側が渡すような場合は，「お渡しする」を使って「お渡ししましたでしょうか」などの言い方に換えることもできる。

問3 （×） ○正しい言い換え例

→「恐れ入りますが，こちらの用紙にご記入ください」など

「ご記入する」の「お（ご）〜する」は謙譲語の形。相手の行為を謙譲語で表すことになるため誤り。「して」を取り除いて「ご記入ください」か，和語に言い換えて「お書きください」とする。ほかにも「お書き／ご記入・いただけますでしょうか・願います」などの表現もある。

問4 （△）

有給休暇を取る場合や，弔事等で休むような場面で，用いられることも多い。「休ませていただく」ということで一見丁寧に響くが，「来週休むと自分で休みを決めている」という勝手な表現にも受け取られかねない言葉だ。ここは同じ「させていただく」を用いても，相手の都合をうかがう言い方に換えて「○○がございまして，申し訳ございませんが，休みをいただいてもよろしいでしょうか」などの言い換えが好ましい。

問5 （×）○正しい言い換え例

→「上司に報告いたします」

「ご報告いたします」は，ソトの人との会話で使うとするならば誤り。「ご報告いたします」の「お・ご〜いたす」は，「お・ご〜する」と「〜いたす」という2つの敬語を含む言葉。そのうちの「お・ご〜する」は，主語である自分を低めて相手＝上司を高める働きをもつ表現（謙譲語Ⅰ）。一方「〜いたす」は，主語の私を低めて，話の聞き手に対して丁重に述べる働きをもつ表現（謙譲語Ⅱ　丁重語）。「お・ご〜する」も「〜いたす」も同じ謙譲語であるため紛らわしいが，主語を低める（謙譲）という働きは同じでも，行為の相手を高める働きがあるかないかという点に違いがあるといえる。

正しい敬語

敬語は正しく使用することで，相手の印象を大きく変えることができる。尊敬語，謙譲語の区別をはっきりつけて，誤った用法で話すことのないように気をつけよう。

言葉の使い方がマナーを表す!

■よく使われる尊敬語の形　「言う・話す・説明する」の例

専用の尊敬語型	おっしゃる
～れる・～られる型	言われる・話される・説明される
お（ご）～になる型	お話しになる・ご説明になる
お（ご）～なさる型	お話しなさる・ご説明なさる

■よく使われる謙譲語の形　「言う・話す・説明する」の例

専用の謙譲語型	申す・申し上げる
お（ご）～する型	お話しする・ご説明する
お（ご）～いたす型	お話しいたします・ご説明いたします

Point

　同じ尊敬語・謙譲語でも，よく使われる代表的な形がある。ここではその一例をあげてみた。敬語の使い方に迷ったときなどは，まずはこの形を思い出すことで，大抵の語はこの型にはめ込むことができる。同じ言葉を用いたほうがよりわかりやすいといえるので，同義に使われる「言う・話す・説明する」を例に考えてみよう。

　ほかにも「お話しくださる」や「お話しいただく」「お元気でいらっしゃる」などの形もあるが，まずは表の中の形を見直そう。

■よく使う動詞の尊敬語・謙譲語

なお，尊敬語の中の「言われる」などの「れる・られる」を付けた形は省力している。

基本	尊敬語（相手側）	謙譲語（自分側）
会う	お会いになる	お目にかかる・お会いする
言う	おっしゃる	申し上げる・申す
行く・来る	いらっしゃる おいでになる お見えになる お越しになる お出かけになる	伺う・参る お伺いする・参上する
いる	いらっしゃる・おいでになる	おる
思う	お思いになる	存じる
借りる	お借りになる	拝借する・お借りする
聞く	お聞きになる	拝聴する 拝聞する お伺いする・伺う お聞きする
知る	ご存じ（知っているという意で）	存じ上げる・存じる
する	なさる	いたす
食べる・飲む	召し上がる・お召し上がりになる お飲みになる	いただく・頂戴する
見る	ご覧になる	拝見する
読む	お読みになる	拝読する

「お伺いする」「お召し上がりになる」などは，「伺う」「召し上がる」自体が敬語なので
「二重敬語」ですが，慣習として定着しており間違いではないもの。

Point

　上記の「敬語表」は，よく使うと思われる動詞をそれぞれ尊敬語・謙譲語
で表したもの。このように大体の言葉は型にあてはめることができる。言
葉の中には「お（ご）」が付かないものもあるが，その場合でも「〜なさる」
を使って，「スピーチなさる」や「運営なさる」などと言うことができる。ま
た，表では，「言う」の尊敬語「言われる」の例は省いているが，れる・ら
れる型の「言われる」よりも「おっしゃる」「お話しになる」「お話しなさる」
などの言い方のほうが，より敬意も高く，言葉としても何となく響きが落ち
着くといった印象を受けるものとなる。

会話は相手があってのこと。いかなる場合でも，相手に対する心くばりを忘れないことが，会話をスムーズに進めるためのコツになる。

心くばりを添えるひと言で
言葉の印象が変わる!

　相手に何かを頼んだり，また相手の依頼を断ったり，相手の抗議に対して反論したりする場面では，いきなり自分の意見や用件を切り出すのではなく，場面に合わせて心くばりを伝えるひと言を添えてから本題に移ると，響きがやわらかくなり，こちらの意向も伝えやすくなる。俗にこれは「クッション言葉」と呼ばれている。(右表参照)

Point

　ビジネスの場面で，相手と話したり手紙やメールを送る際には，何か依頼事があってという場合が多いもの。その場合に「ちょっとお願いなんですが…」では，ふだんの会話と変わりがないものになってしまう。そこを「突然のお願いで恐れ入りますが」「急にご無理を申しまして」「こちらの勝手で恐縮に存じますが」「折り入ってお願いしたいことがございまして」などの一言を添えることで，直接的なきつい感じが和らぐだけでなく，「申し訳ないのだけれど，もしもそうしていただくことができればありがたい」という，相手への配慮や願いの気持ちがより強まる。このような前置きの言葉もうまく用いて，言葉に心くばりを添えよう。

相手の意向を尋ねる場合	「よろしければ」「お差し支えなければ」 「ご都合がよろしければ」「もしお時間がありましたら」 「もしお嫌いでなければ」「ご興味がおありでしたら」
相手に面倒を かけてしまうような場合	「お手数をおかけしますが」 「ご面倒をおかけしますが」 「お手を煩わせまして恐縮ですが」 「お忙しい時に申し訳ございませんが」 「お時間を割いていただき申し訳ありませんが」 「貴重なお時間を頂戴し恐縮ですが」
自分の都合を 述べるような場合	「こちらの勝手で恐縮ですが」 「こちらの都合（ばかり）で申し訳ないのですが」 「私どもの都合ばかりを申しまして，まことに申し訳なく存じますが」 「ご無理を申し上げまして恐縮ですが」
急な話をもちかけた場合	「突然のお願いで恐れ入りますが」 「急にご無理を申しまして」 「もっと早くにご相談申し上げるべきところでございましたが」 「差し迫ってのことでまことに申し訳ございませんが」
何度もお願いする場合	「たびたびお手数をおかけしまして恐縮に存じますが」 「重ね重ね恐縮に存じますが」 「何度もお手を煩わせまして申し訳ございませんが」 「ご面倒をおかけしてばかりで，まことに申し訳ございませんが」
難しいお願いをする場合	「ご無理を承知でお願いしたいのですが」 「たいへん申し上げにくいのですが」 「折り入ってお願いしたいことがございまして」
あまり親しくない相手に お願いする場合	「ぶしつけなお願いで恐縮ですが」 「ぶしつけながら」 「まことに厚かましいお願いでございますが」
相手の提案・誘いを断る場合	「申し訳ございませんが」 「（まことに）残念ながら」 「せっかくのご依頼ではございますが」 「たいへん恐縮ですが」 「身に余るお言葉ですが」 「まことに失礼とは存じますが」 「たいへん心苦しいのですが」 「お引き受けしたいのはやまやまですが」
問い合わせの場合	「つかぬことをうかがいますが」 「突然のお尋ねで恐縮ですが」

ここでは文章の書き方における，一般的な敬称について言及している。はがき，手紙，メール等，通信手段はさまざま。それぞれの特性をふまえて有効活用しよう。

相手の気持ちになって
見やすく美しく書こう

■敬称のいろいろ

敬称	使う場面	例
様	職名・役職のない個人	（例）飯田知子様／ご担当者様／経理部長　佐藤一夫様
殿	職名・組織名・役職のある個人（公用文など）	（例）人事部長殿／教育委員会殿／田中四郎殿
先生	職名・役職のない個人	（例）松井裕子先生
御中	企業・団体・官公庁などの組織	（例）○○株式会社御中
各位	複数あてに同一文書を出すとき	（例）お客様各位／会員各位

Point

　封筒・はがきの表書き・裏書きは縦書きが基本だが，洋封筒で親しい人にあてる場合は，横書きでも問題ない。いずれにせよ，定まった位置に，丁寧な文字でバランス良く，正確に記すことが大切。特に相手の住所や名前を乱雑な文字で書くのは，配達の際の間違いを引き起こすだけでなく，受け取る側に不快な思いをさせる。相手の気持ちになって，見やすく美しく書くよう心がけよう。

■各通信手段の長所と短所

	長所	短所	用途
封書	・封を開けなければ本人以外の目に触れることがない。 ・丁寧な印象を受ける。	・多量の資料・画像送付には不向き。 ・相手に届くまで時間がかかる。	・儀礼的な文書(礼状・わび状など) ・目上の人あての文書 ・重要な書類 ・他人に内容を読まれたくない文書
はがき・カード	・封書よりも気軽にやり取りできる。 ・年賀状や季節の便り,旅先からの連絡など絵はがきとしても楽しむことができる。	・封に入っていないため,第三者の目に触れることがある。 ・中身が見えるので,改まった礼状やわび状,こみ入った内容には不向き。 ・相手に届くまで時間がかかる。	・通知状　　・案内状 ・送り状　　・旅先からの便り ・各種お祝い　・お礼 ・季節の挨拶
FAX	・手書きの図やイラストを文章といっしょに送れる。 ・すぐに届く。 ・控えが手元に残る。	・多量の資料の送付には不向き。 ・事務的な用途で使われることが多く,改まった内容の文書,初対面の人へは不向き。	・地図,イラストの入った文書 ・印刷物(本・雑誌など)
電話	・急ぎの連絡に便利。 ・相手の反応をすぐに確認できる。 ・直接声が聞けるので,安心感がある。	・連絡できる時間帯が制限される。 ・長々としたこみ入った内容は伝えづらい。	・緊急の用件 ・確実に用件を伝えたいとき
メール	・瞬時に届く。　・控えが残る。 ・コストが安い。 ・大容量の資料や画像をデータで送ることができる。 ・一度に大勢の人に送ることができる。 ・相手の居場所や状況を気にせず送れる。	・事務的な印象を与えるので,改まった礼状やわび状には不向き。 ・パソコンや携帯電話を持っていない人には送れない。 ・ウィルスなどへの対応が必要。	・データで送りたいとき ・ビジネス上の連絡

Point

　はがきは手軽で便利だが,おわびやお願い,格式を重んじる手紙には不向きとなる。この種の手紙は内容もこみ入ったものとなり,加えて丁寧な文章で書かなければならないので,数行で済むことはまず考えられない。また,封筒に入っていないため,他人の目に触れるという難点もある。このように,はがきにも長所と短所があるため,使う場面や相手によって,他の通信手段と使い分けることが必要となる。

　はがき以外にも,封書・電話・FAX・メールなど,現代ではさまざまな通信手段がある。上に示したように,それぞれ長所と短所があるので,特徴を知って用途によって上手に使い分けよう。

電話応対

社会人のマナーとして，電話応対のスキルは必要不可欠。まずは失礼なく電話に出ることからはじめよう。積極性が重要だ。

相手の顔が見えない分
対応には細心の注意を

■電話をかける場合

① ○○先生に電話をする

× 「私，□□社の××と言いますが，○○様はおられますでしょうか？」

○ 「**××と申しますが，○○様はいらっしゃいますか？**」

「おられますか」は「おる」を謙譲語として使うため，通常は相手がいるかどうかに関しては，「いらっしゃる」を使うのが一般的。

② 相手の状況を確かめる

× 「こんにちは，××です，先日のですね…」

○ 「**××です，先日は有り難うございました，今お時間よろしいでしょうか？**」

相手が忙しくないかどうか，状況を聞いてから話を始めるのがマナー。また，やむを得ず夜間や早朝，休日などに電話をかける際は，「夜分（朝早く）に申し訳ございません」「お休みのところ恐れ入ります」などのお詫びの言葉もひと言添えて話す。

③ 相手が不在，何時ごろ戻るかを聞く場合

× 「戻りは何時ごろですか？」

○ 「**何時ごろお戻りになりますでしょうか？**」

「戻り」はそのままの言い方，相手にはきちんと尊敬語を使う。

④ また自分からかけることを伝える

× 「そうですか，ではまたかけますので」

○ 「**それではまた後ほど（改めて）お電話させていただきます**」

戻る時間がわかる場合は，「またお戻りになりましたころにでも」「また午後にでも」などの表現もできる。

■電話を受ける場合

① 電話を取ったら

× 「はい，もしもし，○○（社名）ですが」
○ 「はい，○○（社名）でございます」

② 相手の名前を聞いて

× 「どうも，どうも」
○ 「いつもお世話になっております」

　あいさつ言葉として定着している決まり文句ではあるが，日頃のお付き合いがあってこそ。あいさつ言葉もきちんと述べよう。「お世話様」という言葉も時折耳にするが，敬意が軽い言い方となる。適切な言葉を使い分けよう。

③ 相手が名乗らない

× 「どなたですか？」「どちらさまですか？」
○ 「失礼ですが，お名前をうかがってもよろしいでしょうか？」

　名乗るのが基本だが，尋ねる態度も失礼にならないように適切な応対を心がけよう。

④ 電話番号や住所を教えてほしいと言われた場合

× 「はい，いいでしょうか？」　　× 「メモのご用意は？」
○ 「はい，申し上げます，よろしいでしょうか？」

　「メモのご用意は？」は，一見親切なようにも聞こえるが，尋ねる相手も用意していることがほとんど。押し付けがましくならない程度に。

⑤ 上司への取次を頼まれた場合

× 「はい，今代わります」　　× 「○○部長ですね，お待ちください」
○ 「部長の○○でございますね，ただいま代わりますので，少々お待ちくださいませ」

　○○部長という表現は，相手側の言い方となる。自分側を述べる場合は，「部長の○○」「○○」が適切。

Point

　自分から電話をかける場合は，まずは自分の会社名や氏名を名乗るのがマナー。たとえ目的の相手が直接出た場合でも，電話では相手の様子が見えないことがほとんど。自分の勝手な判断で話し始めるのではなく，相手の都合を伺い，そのうえで話を始めるのが社会人として必要な気配りとなる。

デキるオトナをアピール

時候の挨拶

月	漢語調の表現 候，みぎりなどを付けて用いられます	口語調の表現
1月 (睦月)	初春・新春　頌春・小寒・大寒・厳寒	皆様におかれましては，よき初春をお迎えのことと存じます／厳しい寒さが続いております／珍しく暖かな寒の入りとなりました／大寒という言葉通りの厳しい寒さでございます
2月 (如月)	春寒・余寒・残寒・立春・梅花・向春	立春とは名ばかりの寒さ厳しい毎日でございます／梅の花もちらほらとふくらみ始め，春の訪れを感じる今日この頃です／春の訪れが待ち遠しいのごろでございます
3月 (弥生)	早春・浅春・春寒・春分・春暖	寒さもようやくゆるみ，日ましに春めいてまいりました／ひと雨ごとに春めいてまいりました／日増しに暖かさが加わってまいりました
4月 (卯月)	春暖・陽春・桜花・桜花爛漫	桜花爛漫の季節を迎えました／春光うららかな好季節となりました／花冷えとでも申しましょうか，何だか肌寒い日が続いております
5月 (皐月)	新緑・薫風・惜春・晩春・立夏・若葉	風薫るさわやかな季節を迎えました／木々の緑が目にまぶしいようでございます／目に青葉，山ほととぎす，初鰹の句も思い出される季節となりました
6月 (水無月)	梅雨・向暑・初夏・薄暑・麦秋	初夏の風もさわやかな毎日でございます／梅雨前線が近づいてまいりました／梅雨の晴れ間にのぞく青空は，まさに夏を思わせるようです
7月 (文月)	盛夏・大暑・炎暑・酷暑・猛暑	梅雨が明けたとたん，うだるような暑さが続いております／長い梅雨も明け，いよいよ本格的な夏がやってまいりました／風鈴の音がわずかに涼を運んでくれているようです
8月 (葉月)	残暑・晩夏・処暑・秋暑	立秋とはほんとうに名ばかりの厳しい暑さの毎日です／残暑たえがたい毎日でございます／朝夕はいくらかしのぎやすくなってまいりました
9月 (長月)	初秋・新秋・爽秋・新涼・清涼	九月に入りましてもなお，日差しの強い毎日です／暑さもやっとおとろえはじめたようでございます／残暑も去り，ずいぶんとしのぎやすくなってまいりました
10月 (神無月)	清秋・錦秋・秋涼・秋冷・寒露	秋風もさわやかな過ごしやすい季節となりました／街路樹の葉も日ごとに色を増しております／紅葉の便りの聞かれるころとなりました／秋深く，日増しに冷気も加わってまいりました
11月 (霜月)	晩秋・暮秋・霜降・初霜・向寒	立冬を迎え，まさに冬到来を感じる寒さです／木枯らしの季節になりました／日ごとに冷気が増すようございます／朝夕はひときわ冷え込むようになりました
12月 (師走)	寒冷・初冬・師走・歳晩	師走を迎え，何かと慌ただしい日々をお過ごしのことと存じます／年の瀬も押しつまり，何かとお忙しくお過ごしのことと存じます／今年も残すところわずかとなりました，お忙しい毎日とお察しいたします

シチュエーション別会話例

シチュエーション1　　取引先との会話

「非常に素晴らしいお話で感心しました」→NG！

「感心する」は相手の立派な行為や，優れた技量などに心を動かされるという意味。意味としては間違いではないが，目上の人に用いると，偉そうに聞こえかねない表現。「感動しました」などに言い換えるほうが好ましい。

シチュエーション2　　子どもとの会話

「お母さんは，明日はいますか？」→NG！

たとえ子どもとの会話でも，子どもの年齢によっては，ある程度の敬語を使うほうが好ましい。「明日はいらっしゃいますか」では，むずかしすぎると感じるならば，「お出かけですか」などと表現することもできる。

シチュエーション3　　同僚との会話

「今，お暇ですか」→NG？

同じ立場同士なので，暇に「お」が付いた形で「お暇」ぐらいでも構わないともいえるが，「暇」というのは，するべきことも何もない時間という意味。そのため「お暇ですか」では，あまりにも直接的になってしまう。その意味では「手が空いている」→「空いていらっしゃる」→「お手透き」などに言い換えることで，やわらかく敬意も含んだ表現になる。

シチュエーション4　　上司との会話

「なるほどですね」→NG！

「なるほど」とは，相手の言葉を受けて，自分も同意見であることを表すため，相手の言葉・意見を自分が評価するというニュアンスも含まれている。そのため自分が評価して述べているという偉そうな表現にもなりかねない。同じ同意ならば，頷き「おっしゃる通りです」などの言葉のほうが誤解なく伝わる。

就活スケジュールシート

■年間スケジュールシート

1月	2月	3月	4月	5月	6月
企業関連スケジュール					
自己の行動計画					

就職活動をすすめるうえで，当然重要になってくるのは，自己のスケジュール管理だ。企業の選考スケジュールを把握することも大切だが，自分のペースで進めることになる自己分析や業界・企業研究，面接試験のトレーニング等の計画を立てることも忘れてはいけない。スケジュールシートに「記入」する作業を通して，短期・長期の両方の面から就職試験を考えるきっかけにしよう。

7月	8月	9月	10月	11月	12月
企業関連スケジュール					
自己の行動計画					

第 4 章

SPI対策

ほとんどの企業では，基本的な資質や能力を見極める
ため適性検査を実施しており，現在最も使われている
のがリクルートが開発した「SPI」である。

テストの内容は，「言語能力」「非言語能力」「性格」
の3つに分かれている。その人がどんな人物で，どん
な仕事で力を発揮しやすいのか，また，どんな組織に
なじみやすいかなどを把握するために行われる。

この章では，SPIの「言語能力」及び「非言語能力」の
分野で，頻出内容を絞って，演習問題を構成している。
演習問題に複数回チャレンジし，解説をしっかりと熟
読して，学習効果を高めよう。

SPI 対策

●SPIとは

SPIは，Synthetic Personality Inventoryの略称で，株式会社リクルートが開発・販売を行っている就職採用向けのテストである。昭和49年から提供が始まり，平成14年と平成25年の2回改訂が行われ，現在はSPI3が最新になる。

SPIは，応募者の仕事に対する適性，職業の適性能力，興味や関心を見極めるのに適しており，現在の就職採用テストでは主流となっている。

SPIは，「知的能力検査」と「性格検査」の2領域にわけて測定され，知的能力検査は「言語能力検査（国語）」と「非言語能力検査（数学）」に分かれている。オプション検査として，「英語（ENG）検査」を実施することもある。性格適性検査では，性格を細かく分析するために，非常に多くの質問が出される。SPIの性格適性検査では，正式な回答はなく，全ての質問に正直に答えることが重要である。

本章では，その中から，「言語能力検査」と「非言語能力検査」に絞って収録している。

●SPIを利用する企業の目的

①：志望者から人数を絞る

一部上場企業にもなると，数万単位の希望者が応募してくる。基本的な資質能力や会社への適性能力を見極めるため，SPIを使って，人数の絞り込みを行う。

②：知的能力を見極める

SPIは，応募者1人1人の基本的な知的能力を比較することができ，それによって，受検者の相対的な知的能力を見極めることが可能になる。

③：性格をチェックする

その職種に対する適性があるが，300程度の簡単な質問によって発想力やパーソナリティを見ていく。性格検査なので，正解というものはなく，正直に回答していくことが重要である。

●SPIの受検形式

SPIは，企業の会社説明会や会場で実施される「ペーパーテスト形式」と，パソコンを使った「テストセンター形式」とがある。

近年，ペーパーテスト形式は減少しており，ほとんどの企業が，パソコンを使ったテストセンター形式を採用している。志望する企業がどのようなテストを採用しているか，早めに確認し，対策を立てておくこと。

●SPIの出題形式

SPIは，言語分野，非言語分野，英語 (ENG)，性格適性検査に出題形式が分かれている。

科目	出題範囲・内容
言語分野	二語の関係，語句の意味，語句の用法，文の並び換え，空欄補充，熟語の成り立ち，文節の並び換え，長文読解　等
非言語分野	推論，場合の数，確率，集合，損益算，速度算，表の読み取り，資料の読み取り，長文読み取り　等
英語 (ENG)	同意語，反意語，空欄補充，英英辞書，誤文訂正，和文英訳，長文読解　等
性格適性検査	質問：300問程度　時間：約35分

●受検対策

本章では，出題が予想される問題を厳選して収録している。問題と解答だけではなく，詳細な解説も収録しているので，分からないところは複数回問題を解いてみよう。

言語分野

二語関係

同音異義語

●あいせき
哀惜　死を悲しみ惜しむこと
愛惜　惜しみ大切にすること

●いぎ
意義　意味・内容・価値
異議　他人と違う意見
威儀　いかめしい挙動
異義　異なった意味

●いし
意志　何かをする積極的な気持ち
意思　しようとする思い・考え

●いどう
異同　異なり・違い・差
移動　場所を移ること
異動　地位・勤務の変更

●かいこ
懐古　昔を懐かしく思うこと
回顧　過去を振り返ること
解雇　仕事を辞めさせること

●かいてい
改訂　内容を改め直すこと
改定　改めて定めること

●かんしん
関心　気にかかること
感心　心に強く感じること
歓心　嬉しいと思う心

寒心　肝を冷やすこと

●きてい
規定　規則・定め
規程　官公庁などの規則

●けんとう
見当　だいたいの推測・判断・
　　　めあて
検討　調べ究めること

●こうてい
工程　作業の順序
行程　距離・みちのり

●じき
直　　すぐに
時期　時・折り・季節
時季　季節・時節
時機　適切な機会

●しゅし
趣旨　趣意・理由・目的
主旨　中心的な意味

●たいけい
体型　人の体格
体形　人や動物の形態
体系　ある原理に基づき個々のも
　　　のを統一したもの
大系　系統立ててまとめた叢書

●たいしょう

対象　行為や活動が向けられる相手

対称　対応する位置にあること

対照　他のものと照らし合わせること

●たんせい

端正　人の行状が正しくきちんとしているさま

端整　人の容姿が整っているさま

●はんざつ

繁雑　ごたごたと込み入ること

煩雑　煩わしく込み入ること

●ほしょう

保障　保護して守ること

保証　確かだと請け合うこと

補償　損害を補い償うこと

●むち

無知　知識・学問がないこと

無恥　恥を知らないこと

●ようけん

要件　必要なこと

用件　なすべき仕事

同訓漢字

●あう

合う…好みに合う。答えが合う。

会う…客人と会う。立ち会う。

遭う…事故に遭う。盗難に遭う。

●あげる

上げる…プレゼントを上げる。効果を上げる。

挙げる…手を挙げる。全力を挙げる。

揚げる…凧を揚げる。てんぷらを揚げる。

●あつい

暑い…夏は暑い。暑い部屋。

熱い…熱いお湯。熱い視線を送る。

厚い…厚い紙。面の皮が厚い。

篤い…志の篤い人。篤い信仰。

●うつす

写す…写真を写す。文章を写す。

映す…映画をスクリーンに映す。鏡に姿を映す。

●おかす

冒す…危険を冒す。病に冒された人。

犯す…犯罪を犯す。法律を犯す。

侵す…領空を侵す。プライバシーを侵す。

●おさめる

治める…領地を治める。水を治める。

収める…利益を収める。争いを収める。

修める…学問を修める。身を修める。

納める…税金を納める。品物を納める。

●かえる

変える…世界を変える。性格を変える。

代える…役割を代える。背に腹は代えられぬ。

替える…円をドルに替える。服を
　　　　替える。

●きく
聞く…うわさ話を聞く。明日の天
　　　気を聞く。
聴く…音楽を聴く。講義を聴く。

●しめる
閉める…門を閉める。ドアを閉め
　　　　る。
締める…ネクタイを締める。気を
　　　　引き締める。
絞める…首を絞める。絞め技をか
　　　　ける。

●すすめる
進める…足を進める。話を進める。
勧める…縁談を勧める。加入を勧
　　　　める。
薦める…生徒会長に薦める。

●つく
付く…傷が付いた眼鏡。気が付く。
着く…待ち合わせ場所の公園に着
　　　く。地に足が着く。

就く…仕事に就く。外野の守備に
　　　就く。

●つとめる
務める…日本代表を務める。主役
　　　　を務める。
努める…問題解決に努める。療養
　　　　に努める。
勤める…大学に勤める。会社に勤
　　　　める。

●のぞむ
望む…自分の望んだ夢を追いかけ
　　　る。
臨む…記者会見に臨む。決勝に臨
　　　む。

●はかる
計る…時間を計る。将来を計る。
測る…飛行距離を測る。水深を測
　　　る。

●みる
見る…月を見る。ライオンを見る。
診る…患者を診る。脈を診る。

演習問題

1 カタカナで記した部分の漢字として適切なものはどれか。
　1　手続きがハンザツだ　　　　　　　【汎雑】
　2　誤りをカンカすることはできない　【観過】
　3　ゲキヤクなので取扱いに注意する　【激薬】
　4　クジュウに満ちた選択だった　　　【苦重】
　5　キセイの基準に従う　　　　　　　【既成】

下線部の漢字として適切なものはどれか。

家で飼っている熱帯魚を<u>かんしょう</u>する。

1　干渉
2　観賞
3　感傷
4　勧奨
5　鑑賞

3　下線部の漢字として適切なものはどれか。

彼に責任を<u>ついきゅう</u>する。

1　追窮
2　追究
3　追給
4　追求
5　追及

4　下線部の語句について，両方とも正しい表記をしているものはどれか。

1　私と母とは<u>相生</u>がいい。　　・この歌を<u>愛唱</u>している。
2　それは<u>規成</u>の事実である。　・<u>既製品</u>を買ってくる。
3　同音<u>異義語</u>を見つける。　　・会議で<u>意議</u>を申し立てる。
4　選挙の<u>大勢</u>が決まる。　　　・作曲家として<u>大成</u>する。
5　<u>無常</u>の喜びを味わう。　　　・<u>無情</u>にも雨が降る。

5　下線部の漢字として適切なものはどれか。

彼の体調は<u>かいほう</u>に向かっている。

1　介抱
2　快方
3　解放
4　回報
5　開放

○○○解答・解説○○○

1 5

解説 1 「煩雑」が正しい。「汎」は「汎用(はんよう)」などと使う。2 「看過」が正しい。「観」は「観光」や「観察」などと使う。 3 「劇薬」が正しい。「少量の使用であってもはげしい作用のするもの」という意味であるが「激」を使わないことに注意する。 4 「苦渋」が正しい。苦しみ悩むという意味で，「苦悩」と同意であると考えてよい。 5 「既成概念」などと使う場合もある。同音で「既製」という言葉があるが，これは「既製服」や「既製品」という言葉で用いる。

2 2

解説 同音異義語や同訓異字の問題は，その漢字を知っているだけでは対処できない。「植物や魚などの美しいものを見て楽しむ」場合は「観賞」を用いる。なお，「芸術作品」に関する場合は「鑑賞」を用いる。

3 5

解説 「ついきゅう」は，特に「追究」「追求」「追及」が頻出である。「追究」は「あることについて徹底的に明らかにしようとすること」，「追求」は「あるものを手に入れようとすること」，「追及」は「後から厳しく調べること」という意味である。ここでは，「責任」という言葉の後にあるので，「厳しく」という意味が含まれている「追及」が適切である。

4 4

解説 1の「相生」は「相性」，2の「規成」は「既成」，3の「意議」は「異議」，5の「無常」は「無上」が正しい。

5 2

解説 「快方」は「よい方向に向かっている」という意味である。なお，1は病気の人の世話をすること，3は束縛を解いて自由にすること，4は複数人で回し読む文書，5は出入り自由として開け放つ，の意味。

熟語

四字熟語

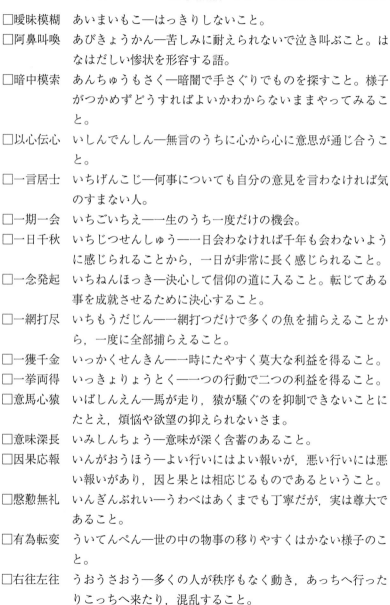

☐曖昧模糊　あいまいもこ―はっきりしないこと。

☐阿鼻叫喚　あびきょうかん―苦しみに耐えられないで泣き叫ぶこと。はなはだしい惨状を形容する語。

☐暗中模索　あんちゅうもさく―暗闇で手さぐりでものを探すこと。様子がつかめずどうすればよいかわからないままやってみること。

☐以心伝心　いしんでんしん―無言のうちに心から心に意思が通じ合うこと。

☐一言居士　いちげんこじ―何事についても自分の意見を言わなければ気のすまない人。

☐一期一会　いちごいちえ―一生のうち一度だけの機会。

☐一日千秋　いちじつせんしゅう―一日会わなければ千年も会わないように感じられることから，一日が非常に長く感じられること。

☐一念発起　いちねんほっき―決心して信仰の道に入ること。転じてある事を成就させるために決心すること。

☐一網打尽　いちもうだじん―一網打つだけで多くの魚を捕らえることから，一度に全部捕らえること。

☐一攫千金　いっかくせんきん―一時にたやすく莫大な利益を得ること。

☐一挙両得　いっきょりょうとく―一つの行動で二つの利益を得ること。

☐意馬心猿　いばしんえん―馬が走り，猿が騒ぐのを抑制できないことにたとえ，煩悩や欲望の抑えられないさま。

☐意味深長　いみしんちょう―意味が深く含蓄のあること。

☐因果応報　いんがおうほう―よい行いにはよい報いが，悪い行いには悪い報いがあり，因と果とは相応じるものであるということ。

☐慇懃無礼　いんぎんぶれい―うわべはあくまでも丁寧だが，実は尊大であること。

☐有為転変　ういてんぺん―世の中の物事の移りやすくはかない様子のこと。

☐右往左往　うおうさおう―多くの人が秩序もなく動き，あっちへ行ったりこっちへ来たり，混乱すること。

□右顧左眄　うこさべん—右を見たり，左を見たり，周囲の様子ばかりう
　　　　　　かがっていて決断しないこと。

□有象無象　うぞうむぞう—世の中の無形有形の一切のもの。たくさん集
　　　　　　まったつまらない人々。

□海千山千　うみせんやません—経験を積み，その世界の裏まで知り抜い
　　　　　　ている老獪な人。

□紆余曲折　うよきょくせつ—まがりくねっていること。事情が込み入っ
　　　　　　て，状況がいろいろ変化すること。

□雲散霧消　うんさんむしょう—雲や霧が消えるように，あとかたもなく
　　　　　　消えること。

□栄枯盛衰　えいこせいすい—草木が繁り，枯れていくように，盛んになっ
　　　　　　たり衰えたりすること。世の中の浮き沈みのこと。

□栄耀栄華　えいようえいが—権力や富貴をきわめ，おごりたかぶること。

□会者定離　えしゃじょうり—会う者は必ず離れる運命をもつというこ
　　　　　　と。人生の無常を説いたことば。

□岡目八目　おかめはちもく—局外に立ち，第三者の立場で物事を観察す
　　　　　　ると，その是非や損失がよくわかるということ。

□温故知新　おんこちしん—古い事柄を究め新しい知識や見解を得るこ
　　　　　　と。

□臥薪嘗胆　がしんしょうたん—たきぎの中に寝，きもをなめる意で，目
　　　　　　的を達成するのために苦心，苦労を重ねること。

□花鳥風月　かちょうふうげつ—自然界の美しい風景，風雅のこころ。

□我田引水　がでんいんすい—自分の利益となるように発言したり行動し
　　　　　　たりすること。

□画竜点睛　がりょうてんせい—竜を描いて最後にひとみを描き加えたと
　　　　　　ころ，天に上ったという故事から，物事を完成させるために
　　　　　　最後に付け加える大切な仕上げ。

□夏炉冬扇　かろとうせん—夏の火鉢，冬の扇のようにその場に必要のな
　　　　　　い事物。

□危急存亡　ききゅうそんぼう—危機が迫ってこのまま生き残れるか滅び
　　　　　　るかの瀬戸際。

□疑心暗鬼　ぎしんあんき—心の疑いが妄想を引き起こして実際にはいな
　　　　　　い鬼の姿が見えるようになることから，疑心が起こると何で

もないことまで恐ろしくなること。

□玉石混交　ぎょくせきこんこう―すぐれたものとそうでないものが入り
　　　　　　混じっていること。

□荒唐無稽　こうとうむけい―言葉や考えによりどころがなく，とりとめ
　　　　　　もないこと。

□五里霧中　ごりむちゅう―迷って考えの定まらないこと。

□針小棒大　しんしょうぼうだい―物事を大袈裟にいうこと。

□大同小異　だいどうしょうい―細部は異なっているが総体的には同じで
　　　　　　あること。

□馬耳東風　ばじとうふう―人の意見や批評を全く気にかけず聞き流すこ
　　　　　　と。

□波瀾万丈　はらんばんじょう―さまざまな事件が次々と起き，変化に富
　　　　　　むこと。

□付和雷同　ふわらいどう――一定の見識がなくただ人の説にわけもなく賛
　　　　　　同すること。

□粉骨砕身　ふんこつさいしん―力の限り努力すること。

□羊頭狗肉　ようとうくにく―外見は立派だが内容がともなわないこと。

□竜頭蛇尾　りゅうとうだび―初めは勢いがさかんだが最後はふるわない
　　　　　　こと。

□臨機応変　りんきおうへん―時と場所に応じて適当な処置をとること。

演習問題

1️⃣ 「海千山千」の意味として適切なものはどれか。
　1　様々な経験を積み，世間の表裏を知り尽くしてずる賢いこと
　2　今までに例がなく，これからもあり得ないような非常に珍しいこと
　3　人をだまし丸め込む手段や技巧のこと
　4　一人で千人の敵を相手にできるほど強いこと
　5　広くて果てしないこと

2 四字熟語として適切なものはどれか。
　1　竜頭堕尾
　2　沈思黙考
　3　孟母断危
　4　理路正然
　5　猪突猛伸

3 四字熟語の漢字の使い方がすべて正しいものはどれか。
　1　純真無垢　　　青天白日　　　疑心暗鬼
　2　短刀直入　　　自我自賛　　　危機一髪
　3　厚顔無知　　　思考錯誤　　　言語同断
　4　異句同音　　　一鳥一石　　　好機当来
　5　意味深長　　　興味深々　　　五里霧中

4 「一蓮托生」の意味として適切なものはどれか。
　1　一味の者を一度で全部つかまえること。
　2　物事が順調に進行すること。
　3　ほかの事に注意をそらさず，一つの事に心を集中させているさま。
　4　善くても悪くても行動・運命をともにすること。
　5　妥当なものはない。

5 故事成語の意味で適切なものはどれか。
　「塞翁(さいおう)が馬」
　1　たいして差がない
　2　幸不幸は予測できない
　3　肝心なものが欠けている
　4　実行してみれば意外と簡単
　5　努力がすべてむだに終わる

1 1

解説　2は「空前絶後」，3は「手練手管」，4は「一騎当千」，5は「広大無辺」である。

2 2

解説　2の沈思黙考は，「思いにしずむこと。深く考えこむこと。」の意味である。なお，1は竜頭蛇尾(始めは勢いが盛んでも，終わりにはふるわないこと)，3は孟母断機(孟子の母が織りかけの織布を断って，学問を中途でやめれば，この断機と同じであると戒めた譬え)，4は理路整然(話や議論の筋道が整っていること)，5は猪突猛進(いのししのように向こう見ずに一直線に進むこと)が正しい。

3 1

解説　2は「単刀直入」「自画自賛」，3は「厚顔無恥」「試行錯誤」「言語道断」，4は「異口同音」「一朝一夕」「好機到来」，5は「興味津々」が正しい。四字熟語の意味を理解する際，どのような字で書かれているかを意識するとよい。

4 4

解説　「一蓮托生」は，よい行いをした者は天国に行き，同じ蓮の花の上に生まれ変わるという仏教の教えから，「(ことの善悪にかかわらず)仲間として行動や運命をともにすること」をいう。

5 2

解説　「塞翁が馬」は「人間万事塞翁が馬」と表す場合もある。1は「五十歩百歩」，3は「画竜点睛に欠く」，4は「案ずるより産むが易し」，5は「水泡に帰する」の故事成語の意味である。

非言語分野

演習問題

$\boxed{1}$ 分数 $\dfrac{30}{7}$ を小数で表したとき，小数第100位の数字として正しいものはどれか。

  1 1   2 2   3 4   4 5   5 7

$\boxed{2}$ $x=\sqrt{2}-1$ のとき，$x+\dfrac{1}{x}$ の値として正しいものはどれか。

  1 $2\sqrt{2}$ 2 $2\sqrt{2}-2$ 3 $2\sqrt{2}-1$ 4 $3\sqrt{2}-3$
  5 $3\sqrt{2}-2$

$\boxed{3}$ 360の約数の総和として正しいものはどれか。

  1 1060   2 1170   3 1250   4 1280   5 1360

$\boxed{4}$ $\dfrac{x}{2}=\dfrac{y}{3}=\dfrac{z}{5}$ のとき，$\dfrac{x-y+z}{3x+y-z}$ の値として正しいものはどれか。

  1 -2 2 -1 3 $\dfrac{1}{2}$ 4 1   5 $\dfrac{3}{2}$

$\boxed{5}$ $\dfrac{\sqrt{2}}{\sqrt{2}-1}$ の整数部分を a，小数部分を b とするとき，$a\times b$ の値として正しいものは次のうちどれか。

  1 $\sqrt{2}$ 2 $2\sqrt{2}-2$ 3 $2\sqrt{2}-1$ 4 $3\sqrt{2}-3$
  5 $3\sqrt{2}-2$

$\boxed{6}$ $x=\sqrt{5}+\sqrt{2}$，$y=\sqrt{5}-\sqrt{2}$ のとき，x^2+xy+y^2 の値として正しいものはどれか。

  1 15   2 16   3 17   4 18   5 19

7 $\dfrac{\sqrt{2}}{\sqrt{2}-1}$ の整数部分を a, 小数部分を b とするとき, b^2 の値として正しいものはどれか。

　　1　$2-\sqrt{2}$　　2　$1+\sqrt{2}$　　3　$2+\sqrt{2}$　　4　$3+\sqrt{2}$
　　5　$3-2\sqrt{2}$

8 ある中学校の生徒全員のうち, 男子の7.5%, 女子の6.4%を合わせて37人がバドミントン部員であり, 男子の2.5%, 女子の7.2%を合わせて25人が吹奏楽部員である。この中学校の女子全員の人数は何人か。

　　1　246人　　2　248人　　3　250人　　4　252人　　5　254人

9 連続した3つの正の偶数がある。その小さい方2数の2乗の和は, 一番大きい数の2乗に等しいという。この3つの数のうち, 最も大きい数として正しいものはどれか。

　　1　6　　2　8　　3　10　　4　12　　5　14

○○○解答・解説○○○

1　5

解説　実際に30を7で割ってみると,
$\dfrac{30}{7}$ = 4.28571428571…… となり, 小数点以下は, 6つの数字"285714"が繰り返されることがわかる。100÷6＝16余り4だから, 小数第100位は, "285714"のうちの4つ目の"7"である。

2　1

解説　$x=\sqrt{2}-1$ を $x+\dfrac{1}{x}$ に代入すると,

$$x+\frac{1}{x}=\sqrt{2}-1+\frac{1}{\sqrt{2}-1}=\sqrt{2}-1+\frac{\sqrt{2}+1}{(\sqrt{2}-1)(\sqrt{2}+1)}$$
$$=\sqrt{2}-1+\frac{\sqrt{2}+1}{2-1}$$
$$=\sqrt{2}-1+\sqrt{2}+1=2\sqrt{2}$$

解説 360を素因数分解すると，$360 = 2^3 \times 3^2 \times 5$ であるから，約数の総和は$(1 + 2 + 2^2 + 2^3)(1 + 3 + 3^2)(1 + 5) = (1 + 2 + 4 + 8)(1 + 3 + 9)(1 + 5) = 15 \times 13 \times 6 = 1170$ である。

4 4

解説 $\dfrac{x}{2} = \dfrac{y}{3} = \dfrac{z}{5} = A$　とおく。

$x = 2A$，$y = 3A$，$z = 5A$　となるから，

$x - y + z = 2A - 3A + 5A = 4A$，$3x + y - z = 6A + 3A - 5A = 4A$

したがって，$\dfrac{x - y + z}{3x + y - z} = \dfrac{4A}{4A} = 1$　である。

5 4

解説 分母を有理化する。

$$\dfrac{\sqrt{2}}{\sqrt{2} - 1} = \dfrac{\sqrt{2}(\sqrt{2} + 1)}{(\sqrt{2} - 1)(\sqrt{2} + 1)} = \dfrac{2 + \sqrt{2}}{2 - 1} = 2 + \sqrt{2} = 2 + 1.414\cdots = 3.414\cdots$$

であるから，$a = 3$であり，$b = (2 + \sqrt{2}) - 3 = \sqrt{2} - 1$ となる。

したがって，$a \times b = 3(\sqrt{2} - 1) = 3\sqrt{2} - 3$

6 3

解説 $(x + y)^2 = x^2 + 2xy + y^2$ であるから，

$x^2 + xy + y^2 = (x + y)^2 - xy$ と表せる。

ここで，$x + y = (\sqrt{5} + \sqrt{2}) + (\sqrt{5} - \sqrt{2}) = 2\sqrt{5}$，

$xy = (\sqrt{5} + \sqrt{2})(\sqrt{5} - \sqrt{2}) = 5 - 2 = 3$

であるから，求める $(x + y)^2 - xy = (2\sqrt{5})^2 - 3 = 20 - 3 = 17$

7 5

解説 分母を有理化すると，

$$\dfrac{\sqrt{2}}{\sqrt{2} - 1} = \dfrac{\sqrt{2}(\sqrt{2} + 1)}{(\sqrt{2} - 1)(\sqrt{2} + 1)} = \dfrac{2 + \sqrt{2}}{2 - 1} = 2 + \sqrt{2}$$

$\sqrt{2} = 1.4142\cdots\cdots$であるから，$2 + \sqrt{2} = 2 + 1.4142\cdots\cdots = 3.14142\cdots\cdots$

したがって，$a = 3$，$b = 2 + \sqrt{2} - 3 = \sqrt{2} - 1$といえる。

したがって，$b^2 = (\sqrt{2} - 1)^2 = 2 - 2\sqrt{2} + 1 = 3 - 2\sqrt{2}$である。

$\boxed{8}$ 3

解 説　男子全員の人数をx，女子全員の人数をyとする。

$0.075x + 0.064y = 37 \cdots ①$

$0.025x + 0.072y = 25 \cdots ②$

①$-$②$\times 3$より

$$\begin{cases} 0.075x + 0.064y = 37 \cdots ① \\ 0.075x + 0.216y = 75 \cdots ②' \end{cases}$$

$-)$

$ - 0.152y = - 38$

$\therefore\ \ 152y = 38000 \quad \therefore\ \ y = 250 \quad x = 280$

よって，女子全員の人数は250人。

$\boxed{9}$ 3

解 説　3つのうちの一番小さいものを$x(x>0)$とすると，連続した3つの正の偶数は，x，$x+2$，$x+4$ であるから，与えられた条件より，次の式が成り立つ。$x^2+(x+2)^2=(x+4)^2$　かっこを取って，$x^2+x^2+4x+4=x^2+8x+16$　整理して，$x^2-4x-12=0$　よって，$(x+2)(x-6)=0$　よって，$x=-2$, 6　$x>0$だから，$x=6$ である。したがって，3つの偶数は，6，8，10である。このうち最も大きいものは，10である。

演習問題

1　家から駅までの道のりは30kmである。この道のりを，初めは時速5km，途中から，時速4kmで歩いたら，所要時間は7時間であった。時速5kmで歩いた道のりとして正しいものはどれか。

　　1　8km　　2　10km　　3　12km　　4　14km　　5　15km

2　横の長さが縦の長さの2倍である長方形の厚紙がある。この厚紙の四すみから，一辺の長さが4cmの正方形を切り取って，折り曲げ，ふたのない直方体の容器を作る。その容積が64cm³のとき，もとの厚紙の縦の長さとして正しいものはどれか。

　　1　$6-2\sqrt{3}$　　2　$6-\sqrt{3}$　　3　$6+\sqrt{3}$　　4　$6+2\sqrt{3}$
　　5　$6+3\sqrt{3}$

3　縦50m，横60mの長方形の土地がある。この土地に，図のような直角に交わる同じ幅の通路を作る。通路の面積を土地全体の面積の $\dfrac{1}{3}$ 以下にするには，通路の幅を何m以下にすればよいか。

　　1　8m　　2　8.5m　　3　9m　　4　10m
　　5　10.5m

4　下の図のような，曲線部分が半円で，1周の長さが240mのトラックを作る。中央の長方形ABCDの部分の面積を最大にするには，直線部分ADの長さを何mにすればよいか。次から選べ。

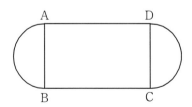

　　1　56m　　2　58m　　3　60m　　4　62m　　5　64m

5 AとBの2つのタンクがあり，Aには8m³，Bには5m³の水が入っている。Aには毎分1.2m³，Bには毎分0.5m³ずつの割合で同時に水を入れ始めると，Aの水の量がBの水の量の2倍以上になるのは何分後からか。正しいものはどれか。

1 8分後　　2 9分後　　3 10分後　　4 11分後　　5 12分後

○○○解答・解説○○○

1 2

解説　時速5kmで歩いた道のりを$x$kmとすると，時速4kmで歩いた道のりは，$(30-x)$kmであり，時間＝距離÷速さ であるから，次の式が成り立つ。

$$\frac{x}{5}+\frac{30-x}{4}=7$$

両辺に20をかけて，$4x+5(30-x)=7\times20$

整理して，$4x+150-5x=140$

よって，$x=10$ である。

2 4

解説　厚紙の縦の長さを$x$cmとすると，横の長さは$2x$cmである。また，このとき，容器の底面は，縦$(x-8)$cm，横$(2x-8)$cmの長方形で，容器の高さは4cmである。

厚紙の縦，横，及び，容器の縦，横の長さは正の数であるから，

$x>0$，$x-8>0$，$2x-8>0$

すなわち，$x>8$……①

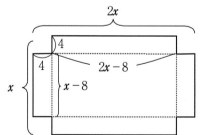

容器の容積が64cm³であるから，

$4(x-8)(2x-8)=64$ となり，

$(x-8)(2x-8)=16$

これより，$(x-8)(x-4)=8$

$x^2-12x+32=8$ となり，$x^2-12x+24=0$

よって，$x=6\pm\sqrt{6^2-24}=6\pm\sqrt{12}=6\pm2\sqrt{3}$

このうち①を満たすものは，$x=6+2\sqrt{3}$

解説 通路の幅をxmとすると，$0<x<50$……①
また，$50x+60x-x^2\leqq1000$
よって，$(x-10)(x-100)\geqq0$
したがって，$x\leqq10$，$100\leqq x$……②
①②より，$0<x\leqq10$　つまり，10m以下。

4 3

解説 直線部分ADの長さをxmとおくと，$0<2x<240$より，xのとる値の範囲は，$0<x<120$である。

半円の半径をrmとおくと，
$2\pi r=240-2x$より，
$r=\dfrac{120}{\pi}-\dfrac{x}{\pi}=\dfrac{1}{\pi}(120-x)$

長方形ABCDの面積をym²とすると，

$y=2r\cdot x=2\cdot\dfrac{1}{\pi}(120-x)x$

$=-\dfrac{2}{\pi}(x^2-120x)$

$=-\dfrac{2}{\pi}(x-60)^2+\dfrac{7200}{\pi}$

この関数のグラフは，図のようになる。yは$x=60$のとき最大となる。

5 3

解説 x分後から2倍以上になるとすると，題意より次の不等式が成り立つ。

$$8+1.2x\geqq2(5+0.5x)$$

かっこをはずして，$8+1.2x\geqq10+x$
整理して，$0.2x\geqq2$　よって，$x\geqq10$
つまり10分後から2倍以上になる。

組み合わせ・確率

演習問題

1 1個のさいころを続けて3回投げるとき，目の和が偶数になるような場合は何通りあるか。正しいものを選べ。

　1　106通り　　2　108通り　　3　110通り　　4　112通り
　5　115通り

2 A，B，C，D，E，Fの6人が2人のグループを3つ作るとき，AとBが同じグループになる確率はどれか。正しいものを選べ。

　1　$\dfrac{1}{6}$　　2　$\dfrac{1}{5}$　　3　$\dfrac{1}{4}$　　4　$\dfrac{1}{3}$　　5　$\dfrac{1}{2}$

○○○解答・解説○○○

1 2

解説　和が偶数になるのは，3回とも偶数の場合と，偶数が1回で，残りの2回が奇数の場合である。さいころの目は，偶数と奇数はそれぞれ3個だから，

　(1)　3回とも偶数：$3 \times 3 \times 3 = 27$〔通り〕
　(2)　偶数が1回で，残りの2回が奇数
　　・偶数/奇数/奇数：$3 \times 3 \times 3 = 27$〔通り〕
　　・奇数/偶数/奇数：$3 \times 3 \times 3 = 27$〔通り〕
　　・奇数/奇数/偶数：$3 \times 3 \times 3 = 27$〔通り〕
　したがって，合計すると，$27 + (27 \times 3) = 108$〔通り〕である。

2 2

解説　A，B，C，D，E，Fの6人が2人のグループを3つ作るときの，すべての作り方は$\dfrac{{}_6C_2 \times {}_4C_2}{3!} = 15$通り。このうち，AとBが同じグループになるグループの作り方は$\dfrac{{}_4C_2}{2!} = 3$通り。よって，求める確率は$\dfrac{3}{15} = \dfrac{1}{5}$である。

演習問題

1 次の図で，直方体ABCD－EFGHの辺 AB，BCの中点をそれぞれ M，Nとする。この直方体を3点M，F，Nを通る平面で切り，頂点B を含むほうの立体をとりさる。AD＝DC ＝8cm，AE＝6cmのとき，△MFNの 面積として正しいものはどれか。

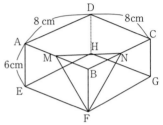

1 $3\sqrt{22}$ 〔cm²〕　　2 $4\sqrt{22}$ 〔cm²〕
3 $5\sqrt{22}$ 〔cm²〕　　4 $4\sqrt{26}$ 〔cm²〕
5 $4\sqrt{26}$ 〔cm²〕

2 右の図において，四角形ABCDは円に内 接しており，弧BC＝弧CDである。AB，AD の延長と点Cにおけるこの円の接線との交点 をそれぞれP，Qとする。AC＝4cm，CD＝ 2cm，DA＝3cmとするとき，△BPCと△ APQの面積比として正しいものはどれか。

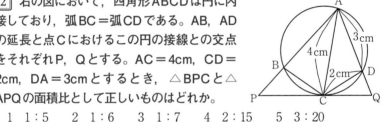

1 1：5　　2 1：6　　3 1：7　　4 2：15　　5 3：20

3 1辺の長さが15のひし形がある。その対角線の長さの差は6である。 このひし形の面積として正しいものは次のどれか。

1 208　　2 210　　3 212　　4 214　　5 216

4 右の図において，円C_1の 半径は2，円C_2の半径は5，2 円の中心間の距離はO_1O_2＝9 である。2円の共通外接線lと2 円C_1，C_2との接点をそれぞれA， Bとするとき，線分ABの長さ として正しいものは次のどれ か。

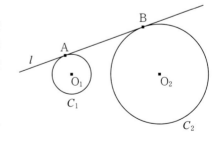

1 $3\sqrt{7}$　　2 8　　3 $6\sqrt{2}$　　4 $5\sqrt{3}$　　5 $4\sqrt{5}$

5 下の図において，点Eは，平行四辺形ABCDの辺BC上の点で，AB＝AEである。また，点Fは，線分AE上の点で，∠AFD＝90°である。∠ABE＝70°のとき，∠CDFの大きさとして正しいものはどれか。

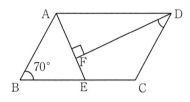

1 48°   2 49°   3 50°   4 51°   5 52°

6 底面の円の半径が4で，母線の長さが12の直円すいがある。この円すいに内接する球の半径として正しいものは次のどれか。

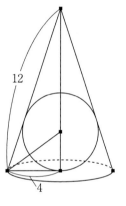

1 $2\sqrt{2}$

2 3

3 $2\sqrt{3}$

4 $\dfrac{8}{3}\sqrt{2}$

5 $\dfrac{8}{3}\sqrt{3}$

○○○解答・解説○○○

1 2

解説　△MFNはMF＝NFの二等辺三角形。MB＝$\dfrac{8}{2}$＝4，BF＝6より，

$MF^2＝4^2+6^2＝52$

また，MN＝$4\sqrt{2}$

FからMNに垂線FTを引くと，△MFTで三平方の定理より，

$FT^2＝MF^2-MT^2＝52-\left(\dfrac{4\sqrt{2}}{2}\right)^2＝52-8＝44$

よって，FT＝$\sqrt{44}＝2\sqrt{11}$

したがって，△MFN＝$\dfrac{1}{2}\cdot4\sqrt{2}\cdot2\sqrt{11}＝4\sqrt{22}$〔cm²〕

$\boxed{2}$ 3

解説 ∠PBC＝∠CDA，∠PCB＝∠BAC＝∠CADから，

△BPC∽△DCA

相似比は2：3，面積比は，4：9

また，△CQD∽△AQCで，相似比は1：2，面積比は1：4

したがって，△DCA：△AQC＝3：4

よって，△BPC：△DCA：△AQC＝4：9：12

さらに，△BPC∽△CPAで，相似比1：2，面積比1：4

よって，△BPC：△APQ＝4：（16＋12）＝4：28＝1：7

$\boxed{3}$ 5

解説 対角線のうちの短い方の長さの半分の長さをxとすると，長い方の対角線の長さの半分は，$(x+3)$と表せるから，三平方の定理より次の式がなりたつ。

$$x^2+(x+3)^2=15^2$$

整理して，$2x^2+6x-216=0$　よって，$x^2+3x-108=0$

$(x-9)(x+12)=0$より，$x=9,-12$　xは正だから，$x=9$である。

したがって，求める面積は，$4\times\dfrac{9\times(9+3)}{2}=216$

$\boxed{4}$ 5

解説　円の接線と半径より

$O_1A\perp l$，$O_2B\perp l$であるから，

点O_1から線分O_2Bに垂線O_1Hを

下ろすと，四角形AO_1HBは長方

形で，

　$HB=O_1A=2$だから，

$O_2H=3$

△O_1O_2Hで三平方の定理より，

　$O_1H=\sqrt{9^2-3^2}=6\sqrt{2}$

　　よって，$AB=O_1H=6\sqrt{2}$

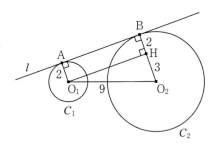

5 3

解説 ∠AEB＝∠ABE＝70°より，∠AEC＝180－70＝110°
また，∠ABE＋∠ECD＝180°より，∠ECD＝110°
四角形FECDにおいて，四角形の内角の和は360°だから，
∠CDF＝360°－（90°＋110°＋110°）＝50°

6 1

解説　円すいの頂点をA，球の中心を
O，底面の円の中心をHとする。3点A, O,
Hを含む平面でこの立体を切断すると，
断面は図のような二等辺三角形とその内
接円であり，求めるものは内接円の半径
OHである。

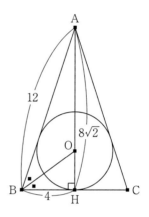

　△ABHで三平方の定理より，
　　AH＝$\sqrt{12^2-4^2}$＝$8\sqrt{2}$

　　Oは三角形ABCの内心だから，BO
は∠ABHの2等分線である。

　　よって，AO：OH＝BA：BH＝3：1

　　OH＝$\dfrac{1}{4}$AH＝$2\sqrt{2}$

●情報提供のお願い●

　就職活動研究会では，就職活動に関する情報を募集しています。

　エントリーシートやグループディスカッション，面接，筆記試験の内容等について情報をお寄せください。ご応募はメールアドレス（edit@kyodo-s.jp）へお願いいたします。お送りくださいました方々には薄謝をさしあげます。

　ご協力よろしくお願いいたします。

会社別就活ハンドブックシリーズ

大成建設の
就活ハンドブック

編　者	就職活動研究会
発　行	令和 6 年 2 月 25 日
発行者	小貫輝雄
発行所	協同出版株式会社

〒 101 − 0054
東京都千代田区神田錦町 2 − 5
電話　03 − 3295 − 1341
振替　東京00190 − 4 − 94061

印刷所　協同出版・POD 工場

落丁・乱丁はお取り替えいたします

●2025年度版●
会社別就活ハンドブックシリーズ

【全111点】

運　輸

東日本旅客鉄道の就活ハンドブック	小田急電鉄の就活ハンドブック
東海旅客鉄道の就活ハンドブック	阪急阪神 HD の就活ハンドブック
西日本旅客鉄道の就活ハンドブック	商船三井の就活ハンドブック
東京地下鉄の就活ハンドブック	日本郵船の就活ハンドブック

機　械

三菱重工業の就活ハンドブック	浜松ホトニクスの就活ハンドブック
川崎重工業の就活ハンドブック	村田製作所の就活ハンドブック
IHI の就活ハンドブック	クボタの就活ハンドブック
島津製作所の就活ハンドブック	

金　融

三菱 UFJ 銀行の就活ハンドブック	野村證券の就活ハンドブック
三菱 UFJ 信託銀行の就活ハンドブック	りそなグループの就活ハンドブック
みずほ FG の就活ハンドブック	ふくおか FG の就活ハンドブック
三井住友銀行の就活ハンドブック	日本政策投資銀行の就活ハンドブック
三井住友信託銀行の就活ハンドブック	

建設・不動産

三菱地所の就活ハンドブック	鹿島建設の就活ハンドブック
三井不動産の就活ハンドブック	大成建設の就活ハンドブック
積水ハウスの就活ハンドブック	清水建設の就活ハンドブック
大和ハウス工業の就活ハンドブック	

資源・素材

旭旭化成グループの就活ハンドブック	関西電力の就活ハンドブック
東レの就活ハンドブック	日本製鉄の就活ハンドブック
ワコールの就活ハンドブック	中部電力の就活ハンドブック

九州電力の就活ハンドブック

自動車

トヨタ自動車の就活ハンドブック

本田技研工業の就活ハンドブック

デンソーの就活ハンドブック

日産自動車の就活ハンドブック

商　社

三菱商事の就活ハンドブック

住友商事の就活ハンドブック

丸紅の就活ハンドブック

三井物産の就活ハンドブック

伊藤忠商事の就活ハンドブック

双日の就活ハンドブック

豊田通商の就活ハンドブック

情報通信・IT

NTT データの就活ハンドブック

NTT ドコモの就活ハンドブック

野村総合研究所の就活ハンドブック

日本電信電話の就活ハンドブック

KDDI の就活ハンドブック

ソフトバンクの就活ハンドブック

楽天の就活ハンドブック

mixi の就活ハンドブック

グリーの就活ハンドブック

サイバーエージェントの就活ハンドブック

LINE ヤフーの就活ハンドブック

SCSK の就活ハンドブック

富士ソフトの就活ハンドブック

日本オラクルの就活ハンドブック

GMO インターネットグループ

オービックの就活ハンドブック

DTS の就活ハンドブック

TIS の就活ハンドブック

食品・飲料

サントリー HD の就活ハンドブック

味の素の就活ハンドブック

キリン HD の就活ハンドブック

アサヒグループ HD の就活ハンドブック

日本たばこ産業 の就活ハンドブック

日清食品グループの就活ハンドブック

山崎製パンの就活ハンドブック

キユーピーの就活ハンドブック

生活用品

資生堂の就活ハンドブック

花王の就活ハンドブック

武田薬品工業の就活ハンドブック

電気機器

三菱電機の就活ハンドブック	パナソニックの就活ハンドブック
ダイキン工業の就活ハンドブック	富士通の就活ハンドブック
ソニーの就活ハンドブック	キヤノンの就活ハンドブック
日立製作所の就活ハンドブック	京セラの就活ハンドブック
ＮＥＣの就活ハンドブック	オムロンの就活ハンドブック
富士フイルム HD の就活ハンドブック	キーエンスの就活ハンドブック

保　険

東京海上日動火災保険の就活ハンドブック	三井住友海上火災保険の就活ハンドブック
第一生命ホールディングスの就活ハンドブック	損保ジャパンの就活ハンドブック

メディア

日本印刷の就活ハンドブック	エイベックスの就活ハンドブック
博報堂 DY の就活ハンドブック	東宝の就活ハンドブック
TOPPAN ホールディングスの就活ハンドブック	

流通・小売

ニトリ HD の就活ハンドブック	ZOZO の就活ハンドブック
イオンの就活ハンドブック	

エンタメ・レジャー

オリエンタルランドの就活ハンドブック	任天堂の就活ハンドブック
アシックスの就活ハンドブック	カプコンの就活ハンドブック
バンダイナムコ HD の就活ハンドブック	セガサミー HD の就活ハンドブック
コナミグループの就活ハンドブック	タカラトミーの就活ハンドブック
スクウェア・エニックス HD の就活ハンドブック	

▼会社別就活ハンドブックシリーズにつきましては，協同出版のホームページからもご注文ができます。詳細は下記のサイトでご確認下さい。

https://kyodo-s.jp/examination_company